PAISAJES DE MUJER

ExLibric

JUANJO DE LA ROSA

PAISAJES DE MUJER

EXLIBRIC

ANTEQUERA 2024

PAISAJES DE MUJER
© Juanjo de la Rosa
Diseño de portada: Dpto. de Diseño Gráfico Exlibric

Iª edición

© ExLibric, 2024.

Editado por: ExLibric
c/ Cueva de Viera, 2, Local 3
Centro Negocios CADI
29200 Antequera (Málaga)
Teléfono: 952 70 60 04
Fax: 952 84 55 03
Correo electrónico: exlibric@exlibric.com
Internet: www.exlibric.com

ISBN: 979-13-87528-13-3
Depósito Legal: MA 2686-2024

Impresión: PODiPrint
Impreso en Andalucía – España

Nota de la editorial: ExLibric pertenece a Innovación y Cualificación S. L.

JUANJO DE LA ROSA

PAISAJES DE MUJER

Colección

PAISAJES DE MUJER

Luz penetrante, mar en calma, gente desenfadada, rincones del Mediterráneo, donde la paz se siente entre las sombras de los pinos, dentro de los bares, o en charlas de pescadores curtidos desde su infancia sobre las aguas.

Índice

1. Mediterráneo 17

2. Luna traidora..19

3. Una hoja en blanco 21

4. Como aquel primer día 23

5. Jaula de pensamientos......................................24

6. Cálido manto 25

7. Hace algún tiempo... 26

8. Ansias ocultas 27

9. Influencia silenciosa...28

10. ¡Hola, mi amor! ¡Hola, mi vida! 29

11. Rayo de verano 30

12. Infelicidad 31

13. Corazón hambriento 32

14. Callejuelas 33

15. Perfume 34

16. Cielo y mar 35

17. Sonrisa 36

18. Amor callado 37

19. No es fácil...38

20. Buenas noches..39

21. Notas de canción...40

22. Maldito reloj 41

23. A ti, mujer 43

24. Abrázame la cintura 44

25. Alucinación 45

26. Yo... y él 47

27. Memorias..48

28. Pastel de cumpleaños.............................49

29. *Christmas*..50

30. Atrapado..51

31. Primavera en Santa Inés.........................52

32. Nostalgia..53

33. Solo tú..54

34. La noche...55

35. El jardín...56

36. El andén...57

37. Un segundo...58

38. *Christmas II*..59

39. Perdida...60

40. Dilema...61

41. Ángel de mi isla......................................62

42. Mi amor es como una rosa.......................63

43. Nací para quererte...................................64

44. Entre bambalinas....................................67

45. Para mi amigo Juanín..............................68

46. Desnuda...69

47. Palabras prisioneras.................................70

48. Inventor de besos....................................71

49. Amor eterno..72

50. Hablo al viento..73

51. Bella flor...74

52. Te regalo mi otra vida..............................75

53. Frutos de amor..76

Nací en una isla del Mediterráneo que no tiene casi nada: unas barcas que se balancean sobre un mar en calma, montañas de pinos verdes y una luna blanca que sale cada noche, porque de ella está enamorada. Escribo poemas a la soledad, para hacerle compañía, haciéndole la espera más corta y más dulce la sonrisa. Soy de los que creen en el sonido del silencio o de los que habla con el mar. ¡Soy de aquellos que la gente piensa que estamos locos!

J. J. CARDONA

Mi nuevo poemario, *Paisajes de mujer,* debería ser anunciado a bombo y platillo, con luces de colores alumbrando el cielo y con fuegos artificiales de fondo. Con este título sobran los prólogos ¿Qué más se puede añadir a estas dos palabras mágicas que por sí solas ya llenan libros? Pues nada, que al unirlas se seca hasta la tinta del tintero.

«… y pongo a la luna por testigo que, en una calurosa noche de verano, salí al balcón de madrugada a meditar con un paquete de cigarrillos y una botella de whisky. ¿Qué podía escribir un pobre poeta con estas dos simples palabras, sin más ayuda que la inspiración y la de una botella? Con el paso de las horas, el alcohol empezó a hacer efecto y en un arrebato mezclé la inmensidad del paisaje y la del cuerpo desnudo de la mujer de la que estaba enamorado».

No, no sería fácil hacer hoy un prólogo acertado. Supongo que esperabas que te diera alguna que otra pista de lo que hallarás en el poemario. No puedes hacerte una idea del esfuerzo que tuve que hacer para dar un corazón a la naturaleza y esplendor al cuerpo humano, además de apurar el último trago de aquella botella justo en el mismo instante en que aparecieron los primeros rayos del alba. Un irrepetible trabajo que deberás leerlo para poder comprobarlo.

Y así os dejo, queridos lectores, tal como hemos comenzado, sin más misterio que la propia curiosidad que os llevará a leer estos *Paisajes de mujer* con más interés si cabe.

Prometedme, lectores, que seréis complacientes con mis poemas, que no tienen otro interés que no sea el de distraeros.

1. MEDITERRÁNEO

Luz penetrante,
mar en calma,
gente desenfadada,
rincones del Mediterráneo,
donde la paz se siente
entre las sombras de los pinos,
dentro de los bares,
o en charlas de pescadores,
curtidos desde su infancia
sobre las aguas.

Sol asesino
de payeses labrando
bajo su pesada carga,
quemando su piel,
por la tradición de sembrar
en la tierra de sus antepasados.

Campos de blancura de nieve,
en valles de almendros floridos,
compañeros de iglesias centenarias,
que avisan a los campesinos al mediodía
para refrescar sus gargantas polvorientas.

Trajes tradicionales,
bailes antiguos,
cánticos que han ido
paseando por generaciones,
al igual que han heredado el arado.

Casas blancas cubiertas

por mil pintadas de cal viva.
Gallos madrugadores,
que avisan al pueblo
de que ha roto el alba.
Mujeres cubiertas por mil ropas,
para tapar su piel blanca e inmaculada.

Refugio de calma,
de meditación
o simplemente de nada.
Contemplar un paisaje,
respirar el aire dulce y suave,
dejar que la brisa del mar
deje en las mejillas
el olor a sal salvaje.

Pozo de tradiciones,
de costumbres que no mueren
porque forman parte
de la vida de sus gentes.
Atardeceres que llenan el alma
de un esplendoroso sosiego.

En verano,
la luz del Mediterráneo
es fuerte al mediodía,
en invierno tenue,
y en primavera se convierte
en compañera de viejos
que pasean bajo su cálido manto.

2. LUNA TRAIDORA

Coge mi mano,
que el día se apaga;
disfruta de este espectáculo,
de ver cómo muere
entre luces doradas
y da paso a las sombras.
Los barcos se recogen
en el puerto hasta mañana.

Las sombras desaparecen,
la gente vuelve a sus casas,
la calma vuelve a las calles,
ya nace de nuevo la noche,
con su luz callada.
La luna vigila,
¡que empiece la jarana!

Luna traidora,
cómplice de ladrones y amantes,
cubre con su negra capa
ingenuas caricias,
besos complicados,
cuchillos teñidos de sangre.
Transporta entre pasajes
explosivas sonrisas
de mujeres ardientes,
de miradas de amor,
versos de jóvenes pretendientes.

Testigo de adulterios,
de mortales accidentes,
paseos de adultos,
de juegos de niños inocentes.
Compañera de eróticas charlas,
de orgías,
cuentas pendientes,
gais transformados,
borrachos desamparados,
que la tienen como diosa aliada.

La luna cuida,
desde su oscuro cielo,
de unir entre penumbras
a todas las almas,
amantes, curas, militares,
asesinos y currantes.

La noche trae
para cada uno de ellos
la desesperanza
de la mañana siguiente.

Coge mi mano,
que la noche fallece
como cada día:
cuando aparecen
los primeros rayos de colores,
allá a lo lejos,
en el horizonte,
la luna se esconde,
como toda aquella gente,
mientras el día amanece.

3. UNA HOJA EN BLANCO

De noche, sentado en el balcón,
leyendo el diario de mi vida
pasando las hojas,
vi cómo una de ellas estaba en blanco;
miré al horizonte,
subí mi mirada al cielo
y recordé lo que en aquel papel
me olvidé de escribir.

Me quité las gafas,
encendí un cigarrillo,
un suspiro me tranquilizó,
fijé el libro delante de mis ojos,
como queriendo leer
en aquella página perdida.

Guardo un secreto en mi diario,
pero no en el corazón.
Fuiste una ilusión
que alumbró mi camino;
contigo recordé
que el amor muere solo una vez,
que la vida estaba hecha
de ilusión y pasión.

Te guardo a través del tiempo
como si fuera ayer,
tus gestos, el color de tu piel.
Yo viviré sin ti,
porque así lo ha querido el destino,
pero olvidarte nunca podré;
siempre vivirás en mí,
no puedo dejar de soñar en ti.

Fuiste un trozo de tiempo
que pasó por mi camino;
de tus raíces en mi corazón
todavía no sé por qué;
con otras mujeres
buenos momentos también pasé,
y ahora ninguna de ellas
puedo recordar.

Ahora, con el libro de mi vida
entre mis manos,
una hoja en blanco me ha hecho recordar
que algún día la tengo que terminar.

4. Como aquel primer día

Quisiera retener en esta página desconsolada
algo que deje huella, algo diferente,
como lo que nace ahora en mi mente.

Impregnar sobre esta cuartilla
la fuerza que noto
en los rasgos de tu rostro.

Escribir en un papel
aquellas palabras que ayer me decías,
antes de que la pasión
borre aquellas frases tan bellas
que, acariciando mis labios, componías.

Dejar constancia
de que todas aquellas noches existían,
y para que no creas
que todo era pura fantasía,
con este poema doy fe
de que siento lo mismo
hoy… como aquel primer día.

5. JAULA DE PENSAMIENTOS

Quisiera zambullirme en el fondo
de tus ojos negro azabache,
e impregnarme de su miedo invicto
la pureza de su talante.

Abre tu corazón y respira
el aire fresco de la libertad,
deja pasar a través del verso
este beso enamorado.
No cierres tu ventana
a esta romántica balada,
vive con ansiedad
desde tu morada,
esta superficie que oculta
inéditas plantas,
que nacen hermosas
para resaltar el aroma de tu persona.

Libera tu sufrimiento y rompe al viento
tu jaula de extraños pensamientos,
que has ido encarcelando a través del tiempo.

6. CÁLIDO MANTO

Yo a ti te quiero, tú a mí no tanto…
Y aunque quisieras robarme
todo lo que siento,
no podrías quitarme lo que a poco
los dos hemos ido creando.

Es difícil olvidar
tantos momentos de felicidad,
como cuando me dejabas jugar
sobre tu suave y cálido manto.

Es tu cuerpo con mis labios
los mejores paisajes que dibujé,
que nunca podrás borrar
porque se han grabado en tu piel.

Conseguí parar el mundo a tus pies,
sequé tus lágrimas,
ahogué tu llanto en mis brazos
y dejé que me amaras
con tu dulce encanto.

Por todos estos años,
por todos tus caprichos,
por todos nuestros recuerdos
quisiera oírte decirme al oído:
«Yo a ti te quiero, tú a mí no tanto…».

7. HACE ALGÚN TIEMPO...

Hace algún tiempo,
en otro lugar,
se vio la luz de una estrella bajar;
se convirtió en una hermosa niña,
cubierta de colores,
vistiendo aquella casa
de mariposas y flores.

Ahora que los días han pasado,
la niña se ha vuelto mujer.
Sus ojos, chispas de vida,
sus formas y sus dientes
fueron creados por el mismo Picasso.

Su andar, de día, un misterio;
de noche, pura delicia.
Su forma de vestir
es original y diferente;
su porte atrae a la gente.

Hace algún tiempo,
en otro lugar,
se vio la luz de una estrella bajar.
Todavía, cuando miras el firmamento,
puedes ver en el cielo
su sitio por ocupar.

8. ANSIAS OCULTAS

Quiero que sepas lo que mis palabras callan
y que mis claros ojos al mirarte te hablan,
leerte entre líneas mis ocultas ansias.

Adoro el sonido del viento
abrazarse entre árboles
en noches de estrellas fugaces.

Tumbarme entre sábanas de seda blanca,
al igual que las olas amanecen sobre la arena.

Cristalino es tu semblante;
en su interior corre cálida la sangre,
y en tus labios, un rayo enamorado.

Enseñarte la suavidad de una rosa
acariciando tu tez morena,
o contarte por qué mis lágrimas
buscan en su camino
alguien que las quiera.

Sufro por este inútil desgaste
por no poder explicarme fácilmente,
con palabras normales
como los demás mortales.

Y voy tejiendo en mis entrañas
un extraño sentimiento,
mezcla de duda y de remordimiento,
por no decirte llanamente lo que quiero.

9. INFLUENCIA SILENCIOSA

Amanezco bajo tu influencia silenciosa,
respiro el aire afectuoso
como si estuvieras a mi lado,
esperando una nueva mirada
de tus ojos, que se desprende
de tu primera sonrisa contagiosa.

¿Qué sería de mí
sin románticos ojos fijos,
o una hermosa frase
de tus labios rosados,
para seguir creyendo
en bellos eventos?

Espero la noche
como la mariposa la primavera,
como la abeja busca una flor bella,
como la ola besa la arena;
de este modo, dejo a tu antojo
mi cuerpo abandonado.

10. ¡HOLA, MI AMOR! ¡HOLA, MI VIDA!

¡Hola, mi amor! ¡Hola, mi vida!
Permíteme que ahora,
que he cogido la pluma,
vuele por unos instantes;
soñar con un tiempo
que no podremos olvidar,
aunque vivamos mil vidas.

Pensar en cosas
que han quedado marcadas
para el resto de mis días:
en tu amor,
al recuerdo de aquel tiempo
que por ti me moría.

Permíteme, mi amor,
que escriba recuerdos
que viven dentro de mí todavía.
Fuiste lo más importante que tenía.

Ahora que mi piel ya no es la misma,
que mis ojos ya no brillan
como en aquellos días,
permíteme, mi vida,
que sueñe en algunas
de aquellas noches
que a mi lado te tenía.

11. RAYO DE VERANO

Llegaste de otros lugares,
de otros paisajes,
de campos de trigo,
de hermosos follajes;
de otra tierra,
donde no existe el oleaje,
donde se levantan entre valles
grandes montes salvajes.

Bajaste al mar por aquella pendiente,
ceñida de flores de otras especies,
impregnada en exóticas fragancias.

Pasaste como rayo fugaz
en noche de tormenta,
dejaste en mi cara
la frescura de la lluvia,
y en mis manos,
un deseo lejano
de luna de verano.

Con sonrisa triste,
te volviste sobre tus pisadas
otra vez a tu casa encantada,
entre enormes campos peinados,
vigilados por altos campanarios.

12. INFELICIDAD

¿Cuántas veces, sin verte,
me he jurado seguir queriéndote?

Sin tener cerca de mí tu cintura dorada,
he sentido un vacío profundo y desolado.

Te amo, a pesar de estas noches de insomnio,
de viajes errantes a través del frío helado
de las sábanas arrugadas.

Tal vez me aferro al recuerdo de mi fantasía,
que con el tiempo ha dejado mi corazón sin vida.

Solo anhelo que el tiempo borre mi sufrimiento
y poder tocar tu mejilla sonrosada,
para reconciliar en paz mi infelicidad cansada.

13. Corazón hambriento

Suspiro con nostalgia
el frenesí de tu boca.
La brisa del mar
no me ha hecho olvidar
el canto de tu sonrisa,
que abrigaba las estelas
de nuestros pasos al caminar.

Al mirarte, tus ojos brillaban
con la luz de las cascadas
al chocar contra las rocas,
y callaban con anhelo
aquellas noches de avaricia.

Quiero comer de tus manos
todas aquellas horas que perdimos,
cuando nuestros cuerpos agotados
ya no bebían de aquel caudal
de frescura inagotada.

Callado me tienes,
por no poder buscar
en cada rito de tus movimientos
algún sentimiento
de mi corazón hambriento.

14. CALLEJUELAS

Puedo recitar todavía
aquellas palabras
que a tu lado aprendía.
Y mirarme en el espejo cada mañana,
acercar mis labios a aquel cristal
y sentir el frío de tu mirada.

Bajar las escaleras
sin rumbo, sin destino, solo,
para perderme en estas calles,
con el único deseo
de volver a encontrar mi alma.

Camino sin guía,
sin nada que me atraiga;
me giro y miro
el camino que he recorrido,
y no reconozco
ninguno de aquellos portales
que, uno tras otro,
voy dejando a mi paso
por aquellos pasajes.

Levanto mis ojos al cielo
y suspiro al viento;
de repente, mi garganta
se desgarra en un fuerte lamento,
por no reconocer aquel balcón
que en su interior
todavía conserva nuestro lecho.

15. PERFUME

Busco cada mañana el aroma
que dejaste impregnado en la almohada.
Me arrullo entre sábanas
donde posaste tu cuerpo de hada.

La habitación está vacía;
no retumba entre las paredes
tu voz entrecortada.

Las flores de aquel jarrón
se han marchitado.
Sigo esperando el roce de tu mano
caminando por mi espalda.

Ya no se refleja en tus pendientes
aquella luz azulada
con la que la luna nos alumbraba.

Y al amanecer,
me derrumbo entre lágrimas
por no tener tu pelo dorado
revuelto encima de mi cama.

16. CIELO Y MAR

Eres el aire fresco
que por las mañanas besa mi cara.

Eres la tormenta
que hace que golpeen mis ventanas.

Eres la lluvia
que riega mis plantas.

Eres el amanecer
que ilumina mis días;
el atardecer
que sosiega mi alma.

Como el cielo y el mar es para la tierra,
así eres tú para mí cada mañana.

17. SONRISA

Quisiera perderme en el bosque de tus cabellos,
bajar por tu frente,
mirarme en el espejo de tus ojos,
resbalar por tus mejillas
y posarme en tus labios
para ver amanecer
una nueva sonrisa…

18. AMOR CALLADO

Si sé que te quiero,
¿por qué no te lo digo?
No es ningún secreto,
ni tampoco lo llevo escondido.

Si sabes que me quieres,
¿por qué no me lo dices?
Tú tampoco lo ocultas,
aunque todo esto a ti te asusta.

Si sabemos que nos queremos,
¿por qué no nos lo decimos?
Y aunque nada cambie,
ya sabremos lo que los dos sentimos.

19. NO ES FÁCIL

No es fácil vivir con el corazón
lleno de recuerdos,
es un equipaje poco ligero.

No es fácil tener que decirte
cada día lo que siento,
y no poder estar contigo.

No es fácil dejar que pase el tiempo
sin decirte a los ojos
lo mucho que te quiero.

No es fácil quererte sin tenerte,
y sentir que en cada instante
puedo perderte.

20. Buenas noches

Él sabe que no existe un mañana,
que toda la fuerza de su amor está atrapada.
Se ahoga dentro de su alma,
aunque luche en su interior
para explicar lo mucho que quiere a su amada.

Ella le espera en algún lugar
a que llegue a sus brazos cargado de flores
y un millón de bonitas palabras.

Y aunque no se engaña,
sabe que él también la ama.

Cada noche, cuando está en la cama,
le reza a la Virgen para que no le pase nada,
da un beso al aire,
y sabe que él estará presente.

Se abraza a la almohada
y le explica todo lo que siente:
le habla de su amor,
de todas aquellas cosas maravillosas
que a su lado sentía.

Y así se duerme,
repitiendo su nombre
una y mil veces.

21. NOTAS DE CANCIÓN

Las notas de aquella canción
retumban en su oído;
le era fácil recordar aquel tiempo
que estuvo a su lado.

Algo muy especial
había sucedido en su corazón;
alguien había roto su silencio,
alguien le robó aquel beso deseado,
alguien logró con un suave abrazo
que flotara en el espacio.

Liberó su cuerpo,
dejó que los ángeles
volaran a su alrededor.
Cada frase se hundía
en lo más hondo de su corazón.

Soñar fue fácil
al lado de aquel hombre,
que le brindó el más hermoso de los «regalos».
Aquellas notas, aquella canción,
le recordaban aquellos días
que paseaba cogida de su mano,
con la cabeza apoyada en su hombro.

Al terminar aquella melodía,
ella se levantó,
fue al salón y miró su foto,
mientras derramaba una lágrima
por sus hermosos ojos.

22. MALDITO RELOJ

Con la serenidad del tiempo transcurrido,
me es difícil recordar
el color de la luna peinándose en el mar,
al igual que se me desvanece
el claro brillo de tus ojos.

Creí haber robado el tiempo al mismo tiempo,
y sentí haber fundido en un cofre de oro
la suavidad de tu piel.

¡Me engañé!
Arañando cada uno de nuestros instantes,
miro hacia atrás y me cuesta recordar tus manos,
ya no siento correr tu fragancia por mis dedos.

Humedezco mis labios para devolverles
el sabor de tus besos.

Entonces creía reconocer
el olor del aire que nos envolvía.

Llegué a soñar
que el tiempo nos pertenecía,
que nada nos separaría.

Cierro los ojos para retener
en mi memoria los recuerdos del ayer,
cuando recorríamos aquellas cálidas arenas,
cuando nos mirábamos a los ojos con amor.

Quisiera volver hacia atrás
las manecillas de nuestro «maldito reloj»,
para sentarme sobre nuestras rocas de papel
y contemplar aquellas olas de cristal.

Hoy, que hasta mis recuerdos
me están robando el tiempo,
el mismo que había creído vencer.

No comprendo por qué no te dije
todas aquellas palabras que me guardé;
si fuera ahora, con las cosas que sé,
seguro que chillaría a la luna de plata
todo aquello que antes me callé.

23. A TI, MUJER

Gracias por dejarme tenerte,
por estar siempre que te necesito,
por ser quien eres,
por poder estar contigo en cada momento.

Gracias por haberme dado lo mejor de ti,
la mejor de tus sonrisas,
el más dulce de los besos,
por no dejarme jamás en brazos de otra mujer,
por oír mis lamentos y secar mis labios.

Gracias por haberte conocido,
por no haberme fallado nunca,
por ser la mejor amante,
la mejor amiga,
por ser mi sueño de noche
y la verdad de cada día.

24. ABRÁZAME LA CINTURA

¡Vamos, súbete a la grupa!
Abrázate a mi cintura,
que mi caballo tiene alas.

Volemos a través de nuestros sueños,
hagamos de nuestro mundo una fantasía
con la que cada día soñábamos
y nunca habíamos logrado.

¡Vamos, súbete a la grupa!,
que hoy es un día especial;
nuestro amor se ha vuelto a encontrar.
Ya no es un idilio,
nuestras ansias se han hecho realidad.

Abrázame la cintura,
que mi caballo tiene alas.
Tenemos que retener estos momentos
en cada mirada
y dejar impregnados nuestros cuerpos
del rocío del alba.

Ahora sé que te quiero con locura,
hoy te he vuelto a tener,
podemos volar a la grupa de mi caballo
contigo pegada a mi cintura.

25. ALUCINACIÓN

Solo en la terraza, cerré los ojos
y me puse a pensar en ti.
Era de noche,
el paisaje era maravilloso,
el cielo estaba estrellado,
la luna amarilla,
el mar en calma,
la brisa fresca
y tú en mis pensamientos
te mezclabas con la naturaleza.

Confundí tu rostro y tu cuerpo
con la inmensidad de la noche;
confundí las estrellas
con el brillo de tus ojos;
la luna se convirtió en tu boca,
la brisa del mar me recordaba tu piel,
formabas parte de mi universo.

Un trozo de tierra en el mar
me recordaba tu cuello;
el perfil de las montañas, tus pechos;
la calma de la bahía, tu estómago.

Estabas en cada lugar donde yo miraba,
el puerto era como tu sensualidad,
esperando a que mi barca amarrara;
las estelas de las barcas, tus piernas;
tus dedos, los mástiles;
las lucecitas, tus poros;
el olor a sal, tu perfume.

Todo me envolvía
como si tus brazos me abrazaran.

Sentí un escalofrío,
tu cuerpo menudo y gracioso,
hecho de caprichos y trozos de cielo,
se había convertido
en la inmensidad de mi paisaje favorito.

Creí amarte más,
vi tu cuerpo esparcido
por todo mi alrededor,
me sentí feliz,
tuve miedo al mismo tiempo,
miedo de quererte tanto,
de formar parte de mi corazón,
y ahora, del mismo cielo, mar y viento.

26. YO... Y ÉL

Me gustaría al mismo tiempo
ser yo... y también él.
Ser yo, por lo que fui...
y por lo que soy;
él, por lo que tiene
y por lo que serás junto a él.

Ser yo, porque todavía me quieres,
por haber llenado tus labios de miel;
él, para pasear contigo cogidos de la mano
sin importarnos nada ni nadie.

Yo, por volver a tu lado a nacer,
y mirarte a los ojos como yo solo sé hacer;
él, por robar de tus labios cada beso que te da,
para quitarle de sus dedos el contacto de tu piel,
para arrancar de tu cuerpo sus caricias.

Yo, porque eres mía y nunca serás de él;
por mucho que lo intentes,
primero pensarás en mí,
luego... en él.

Donde vayas, siempre sabrás que estuviste conmigo,
y ahora... con él.

Me gustaría al mismo tiempo ser yo...
y también él,
para no compartir con nadie
tus besos, tu cuerpo, tu piel.

27. MEMORIAS

Ya no recuerdo
cuando tenía quince años,
porque el tiempo
la memoria me ha borrado.

Sé que alguna compañera conocí
y seguro que amarla creí.

Poco recuerdo de mis veinte años,
en aquellos ¡sí que viví!

Cuando los veinticinco cumplí,
fue cuando mi vida
a las mujeres vendí.

A los treinta ninguna se acordó de mí.
A los treinta y cinco llegué,
y pocas fueron a las que me ligué.
Ahora que a los cuarenta llegaré,
ya no sé si de enamorarlas me acordaré.

28. Pastel de cumpleaños

Treinta y cinco flores rojas y perfumadas
en esta poesía te mando.
Treinta y cinco primaveras
llenas de risas y simpatía.
El tiempo no pasa, solo enriquece el alma.
Nadie sabrá la edad verdadera
de tu corazón; puedes ser vieja o joven,
todo depende de tu ilusión.

Treinta y cinco soles
han alumbrado con calor.
Todo el tiempo que has vivido
lo tienes que recordar con amor.
Nunca mires atrás con rencor,
busca en tu interior lo mejor.

Treinta y cinco años
son solo un pequeño salto en el tiempo,
con el que has enriquecido tus sentimientos.

Ahora ya sabes quién eres
y lo que quieres.
¡Ya no eres una niña!
Te has convertido en una mujer muy linda.

Treinta y cinco años
no llegan ni a media vida.
Sonríe, que mañana será un nuevo día
y podrás contar a tus amigas
mil historias que has vivido
desde el primer día.

29. *CHRISTMAS*

Desear unas felices fiestas
es cosa normal,
que deseamos cada año
a la gente que amamos;
pero cuando las fiestas
han terminado,
pronto el amor que nos entregamos
lo olvidamos.

Comemos turrones, bebemos cava,
bailamos, cantamos villancicos
y a nuestros amigos felicitamos.

Los Reyes Magos nos traerán regalos:
a los niños, juguetes;
a los hombres, tabaco y colonia,
en el mejor de los casos;
si eres mujer, perfume y joyas;
si tienes suerte,
un abrigo de visón
que valdrá un montón.

Pedimos cosas materiales
para lucirlas en la calle,
pero nunca nos acordamos
cuando escribimos a los Reyes Magos
de pedirles que nos llenen
de bondad y felicidad
para cada uno de nosotros
y para los demás.

30. ATRAPADO

Quedé pegado al color de tu piel.
Me enredé en tus cabellos,
me acostumbré a tu olor, a tu perfume
y al brillo de tus ojos.

Tu voz retumba
como manantial en mi cabeza.
Me perdí en tus sueños,
seguí tus pasos
y aprendí en tus labios
el sabor de un beso.

31. Primavera en Santa Inés

Primavera, cuando florecen las amapolas
y los almendros están en flor.

Es entonces cuando tú estás más bonita
y cantan los pájaros bajo un cálido sol.

Jugar contigo quisiera
sobre este campo de flores rojas.

Correr por los prados gritando tu nombre,
seguir tus pasos sobre este manto de hermosura,
sentarme a tu lado, cogerte de la mano,
respirar profundamente y acariciar tu pelo.

32. NOSTALGIA

La noche cerrada escondía la luna.
Yo caminaba triste al recordar
las veces que a tu lado
la vi brillar.

¿Dónde estás ahora?
Nuestro banco sigue ahí.
Las farolas siguen alumbrando
nuestro camino,
que tantas veces recorrimos.

Aquellas mismas olas
que besaban la arena
preguntan por ti.
¡Y yo no sé qué contestar!

Esperar que el tiempo pase
para formar parte
de este esplendoroso paisaje.

33. SOLO TÚ

No esperes nada de nadie,
no dejes que ningún sueño te engañe.

No esperes ser el mar amado por el aire,
ni el aire que besa el cielo.

No esperes nada de nadie,
sé mar, que ama el mar,
y silencio, que busca el silencio.

34. LA NOCHE

Cuando el día muere,
la oscuridad me trae tus recuerdos,
alumbrando mis anhelos.

Dejo volar mi imaginación
y me veo a tu lado,
oliendo tu perfume,
acariciando tu pelo,
susurrando palabras de amor.

La noche es corta
y los recuerdos demasiados
para dejar satisfecha mi ilusión.

35. El jardín

Buenas noches, mi blanca flor,
llena de románticos perfumes.

Buenas noches, blanca flor,
duerme en el más bello de los jardines,
que mientras tú duermas,
yo guardaré con todo mi corazón
tu inmaculada blancura.

36. EL ANDÉN

Ver los barcos desaparecer
en el horizonte me entristece.
Fue allí donde te vi por última vez;
te alejaste y me dejaste
solo en aquel muelle.

Ahora que el tiempo ha pasado,
siempre vuelvo al mismo lugar
a ver a la gente embarcar.
Alguna mujer me recuerda a ti,
me imagino el último beso,
el último adiós.

Tú no volverás.
¡Es inútil recordar!,
pero aquí me tienes,
todos los días en el mismo andén,
buscando mi último suspiro de felicidad.

37. Un segundo

¿Cuánto tiempo ha pasado
desde que te marchaste?
¿Un año, un siglo,
o hace solo un minuto?

Dímelo tú, amor mío,
porque de tu razón
todavía me fío.

Vivo en un mal sueño,
y por la mañana,
cuando me despierto,
me pregunto:
«¿cuándo te fuiste?,
¿fue ayer noche?,
¿o solo hace un segundo?».

38. *Christmas II*

«Amor» no es solo una palabra que se regala.
Se alimenta con la comprensión
y florece con la amistad.

Desinterés y cariño
hay que entregar a los amigos.
Perdonar sus defectos,
sus historias escuchar,
acogerlos en sus momentos de debilidad,
llorar y reírse con ellos de felicidad.

Celebrar y regar con cava
cualquier barbaridad,
comer desde pan con aceite
hasta caviar.

Llamar por teléfono
cuando desees con ellos charlar,
escribir miles de christmas
a todos por Navidad.

Y no solo desearles felicidad
por unos cuantos días,
sino desear de corazón
una vida plena de salud y alegría
para los demás.

39. PERDIDA

Paseabas lentamente,
viendo a la gente pasar,
no te fijabas ni en nadie ni en nada.
Tú mirabas perdida
las luces del mar.
Yo me crucé en tu camino,
y a tu lado me senté;
no nos hizo falta nada más:
la luna, el mar… tú y yo.

40. DILEMA

Paso por este mundo
sin darme cuenta
de cómo pasan los años.

No sé ni cómo
y ya he pasado media vida.

Me da miedo pensar
en el tiempo que ha debido pasar
desde el primer día.

¿He vivido mi vida?,
¿o solo he dejado pasar
el tiempo por mi piel?

41. ÁNGEL DE MI ISLA

¡Oh!, ángel embaucador
que me has robado el corazón.

¡Eres la musa de mi pluma!
y haces que estos parajes
tengan luz propia
y nuevos colores.

Naciste entre bosques de pinos,
tomillo y romero.

Rodeada de pájaros silvestres
que pían desde el amanecer
hasta el atardecer.

Si en el mar te bañas,
el agua te refresca
y te acaricia cual sirena.

Por esto, niña de mi isla, eres escultura
moldeada a golpes de naturaleza.

42. MI AMOR ES COMO UNA ROSA

Suave como la seda.
Mi amor también tiene la piel tersa
y huele a rosa.

Si fuera rosa de jardín,
la cuidaría con esmero
y cada mañana me levantaría
para mirar su esplendor.

Mi amor tiene nombre de flor,
es virgen de espinas
y fina como hojas de oro.

Rosa roja,
rosa hermosa,
rosa olorosa.

Cada vez que beso su boca
es como besar una flor.

43. NACÍ PARA QUERERTE

Llévame contigo,
donde quiera que tú vayas,
llena mis ansias, mis llantos y mis lágrimas.
Yo digo que en tus brazos me acojas,
agítame, acúname, abrázame cada día en tu nido.
Quiero ser tuya,
quiero que tú seas mis pupilas,
mi sed y mi hambre.

Quiero ser la que salte sobre las rocas,
la que nade a contracorriente,
quiero ser ola para besar tus rodillas.
Siento que hoy el reloj marca nuestra hora,
siento que hoy el reloj marca nuestro destino,
siento que hoy la lluvia gotea sobre nuestras vidas,
siento que hoy tengo la llave de nuestra puerta.

Liberada, sé mi alma,
vuela alegremente entre palomas libres,
sobre un mar azul, un mar en calma.
Quiero esta alma, un alma limpia
y llena de esperanza.

Y ahí yo te pido,
grito y te exijo a ti, a ti hombre,
a ti, ser de mis esperanzas.
A ti te pido, que no encierres mi alma
en una cárcel desolada.

A ti hombre, a ti, mi hombre y amigo,
pido ser tu otra media naranja.
Que no alces la voz, que tu voz sea pausa,
que no levantes la mano, que sea de seda,
que solo con su tacto de placer muera.

No quiero barreras, ni vallas de espino.
Ni nada ni nadie que nos ponga trabas.
Quisiera que nuestros corazones hablaran.
Que no sean de hierro, ni de piedra.
Que no sean fríos, sino todo lo contrario:
tiernos y llenos de llamas.

Hoy quiero,
a la hora que el reloj marca,
que seas mi guía, mi cueva, mi ruta,
mi morada, mi voluntad y mi palabra.

Que esta sea mi vida, mi única esperanza,
que no sea de otra forma, porque, de lo contrario,
gritaría, lloraría toda la vida debajo de mis alas.

Te forjé, me forjaste, te inventé, me inventaste,
te pinté, me pintaste, te esculpí, me esculpiste.
¡Ahora no me falles!
Sacrifícame entre tus brazos,
mátame entre beso y beso.

Anúlame entre nubes de pasión.
Corre por la inmensidad de mi diminuto cuerpo.
Quémame entre hogueras.

Haz de mí tu compañera,
haz de mí tu amor secreto,
haz de mí tu ilusión, tu destino.

Y no olvides nunca, ni en ningún reloj
ni a cualquier hora de nuestras vidas,
que nosotros vinimos al mundo para querernos.

44. ENTRE BAMBALINAS

¿Cuántos caminos
y cuántos viajes?
¿Cuántos besos perdidos
por el camino?
¿Cuántos amaneceres
y paisajes hemos vivido
enamorados?

Cuando termine la función,
tú y yo, amor mío,
permaneceremos juntos,
juntos desde Jaén hasta Madrid,
desde París a Estambul,
desde el invierno hasta la primavera,
desde la cocina hasta la cama.

Ahora sobrarán las cartas,
las llamadas, las ansias.
Las noches largas,
los días fríos en mi alma.
Ahora, amor mío,
sobrarán las lágrimas.
Y pensar que costó tanto
que el tiempo pasara
y hoy, amor mío, hoy a tu lado
parece que lo he soñado.

Ahora tú y yo, amor mío,
ahora tú y yo, mi amor,
soñaremos siempre juntos
entre nubes de algodón.

45. Para mi amigo Juanín

Para mi amigo Juanín, que en el cielo está.

Yo confieso
que no sé nada del cielo.

Ni lo sé,
ni lo conozco,
ni lo he visto.

Pero me lo imagino.
Me lo imagino
con cantos y danzas
de ángeles.

Con olores a azucena,
a rosa y a hierbabuena.

No lo sé,
ni lo conozco,
ni lo he visto.

Solo me lo imagino.

46. DESNUDA

Mi niña es hermosa,
suave y olorosa.
Mi niña es hermosa
y tierna como una rosa.

Su desnudez me asombra
y en mi mente aparecen las sombras.

Diminuto espacio entre nuestros brazos,
eterno el tiempo del abrazo
y más se alarga el tiempo de nuestros labios.

Cintura esclava de mis manos
y en cada pecho un racimo.
Me diluyo entre besos
y muero en cada intento
al intentar abrazar tan diminuto cuerpo.

Mi niña es hermosa,
suave y olorosa.
Mi niña es hermosa
y tierna como una rosa.

47. PALABRAS PRISIONERAS

Una lágrima
es como el agua pura
que brota del corazón.

¡Sentimos!,
sentimos el amor.
Pero a veces sentimos
sin una razón.

Amor no es solo
amar y querer;
además, hay millones de palabras
prisioneras en el corazón.

48. INVENTOR DE BESOS

¿Y tú me pides
un beso a mí,
que soy un poseso
de tus besos?

Tengo besos,
besos de colores,
besos de miel con queso.

Tengo de sabores dulces
y de sabores intensos.
Tengo besos, miles de besos.

Unos cortos, otros inmensos;
unos ciegos, otros inquietos.

Tengo de fresa y azucena,
de maduros y frescos.
Tengo besos, miles de besos.

Yo te enseñé a besar,
e inventé los besos tiernos,
los cortos e inmensos.

Todos ellos los inventé
para tus labios de cereza.

49. AMOR ETERNO

Un siglo pasará… o mucho más.
El sol brillará en cada rincón
y la luna alumbrará las penumbras.

El mar seguirá muriéndose en las orillas,
al igual que los jilgueros seguirán revoloteando.

Igual, igual, cien años después o más,
cuando después en nuestras cartas
alguien lea letras de amor,
sabrán que lo nuestro jamás morirá.

50. HABLO AL VIENTO

Llamo a mi niña
a orillas del Mediterráneo,
digo su nombre al cielo
bajo un manto de estrellas.

Amo a mi amada
y se lo digo al viento,
como dos amigos
hablando de sus intimidades.

51. BELLA FLOR

¡Bella flor!,
¿no me reconoces? ¡Soy yo!,
el hombre que esperabas…
el que pasaba cada día
por delante de tu ventana,
el que llamaba a tu puerta,
el que pide cobijo en tu casa.

Abrázame, amada, a mi llegada
y ábreme tu corazón
como pétalos de rosa blanca.

Quiero ser el hombre,
el hombre de la morada.

Quien encienda el fuego por la mañana
y por la noche caliente la cama.

52. Te regalo mi otra vida

Hoy por quererte mía…
te voy a regalar mi otra vida.

Mi otra vida…
por tenerte en mis venas
o para llorar o reírme a tu vera.

Mi otra vida te la doy,
para amarte
como yo solo sé amarte.

Y para seguir amándote
más allá de lo que tú te imaginas…

Fíjate, mi dulce niña,
que solo por esto
te voy a regalar mi otra vida.

53. FRUTOS DE AMOR

De la noche oscura caerá una estrella
sobre tu vestido de novia blanca y pura.

Y desde la luna nacerán las raíces
que anidarán en nuestros corazones,
donde crecerá el árbol mágico
que nos alimentará de dulces frutos de amor.

Colección

HUNDIDO EN MI SOFÁ

Recuerdo cuerpos y nombres de amigos, tumbados, sentados sobre aquellas camas de hotel, entre cuentos y canciones, robábamos minutos al reloj, apurando la noche, hasta ver salir el sol al amanecer.

Índice

1. Mi hijo cumple años 83
2. El vuelo 85
3. A San José carpintero...87
4. Angustia 89
5. Viaje al pasado 91
6. Algo sobre la paz 93

Bendito sofá, bendito lugar donde descansar durante horas sin hacer otra labor que no sea la del arte de dedicarte en cuerpo y alma a la contemplación y meditación de la nada. Honroso lugar de reposo del guerrero, en donde tumbar sus molidos huesos después de un agotador día de trabajo. Bendito mueble que con el tiempo se va adaptando a tus desgarbadas formas, al igual que se adaptó en su día el vientre de tu madre al de tu feto.

Desde este rincón van surgiendo mil ideas en mi intrépida mente, que en algunos casos se pierden entre los anuncios de la tele y en alguna que otra llamada de móvil de algún inoportuno amigo.

Siempre hay alguna excusa por alargar la estancia sobre el sofá, aunque sea para ir rellenando estrofas de poemas que van quedando colgadas, entre uno u otro sueñecito, en el olvido. Pero si tengo que ser sincero debo reconocer haber escrito algunas de mis obras maestras pensando en las musarañas. Por este motivo, juro estar ahora mismo, *Hundido en mi sofá,* buscando la inspiración necesaria para escribir el nuevo prólogo de mi próximo poemario.

Y hasta aquí puedo contar, queridos lectores. Recomiendo que mi nueva colección de poemas la leáis hundidos en el sofá de vuestra casa, de esta forma siempre tendréis la opción de mirar la tele o de echar una cabezadita con mi poemario sobre el pecho.

Recordad: un libro es como un amigo, en cualquier lugar y en cualquier caso siempre te hará compañía. Sed benévolos con mis letras, pero sobre todas las cosas… ¡sed felices!

1. Mi hijo cumple años

Por la mañana se ha levantado temprano,
esperando con ilusión
celebrar el día de su cumpleaños.

Cuenta las horas nervioso,
esperando que se acerque
el momento de celebrarlo.

Están preparadas las bolsas de ricos caramelos,
los bocadillos listos para ser engullidos,
los refrescos guardados
y el pastel en la nevera.

El salón, engalanado con globos de colores y banderas, le da
a la vivienda un aire de fiesta.
Todo está arreglado para que lleguen los invitados.

Poco a poco van llegando los primeros niños,
cargados de cajas envueltas de papeles dorados.
Al momento se arma un gran alboroto,
gritos de alegría, carcajadas y algún llanto.

El ruido es cada vez más tortuoso,
los mayores salen con sigilo a la terraza
para no interferir en la diversión de los menores.

Unos juegan solos, otros de dos en dos
y la mayoría en grupo van aniquilando
las paredes y el mobiliario.

Corren y saltan por todas las habitaciones,
pero ¡no pasa nada!, porque los vecinos
también han subido.

La Coca-Cola se ha terminado,
la naranjada y limonada
llevan el mismo camino.
Los bocadillos van desapareciendo
de dentro de los platos,
y de los aperitivos…
¡ya no queda ni rastro!

Alguien pregunta por el pastel,
¡de aquí no se marcha nadie
si antes no ha probado
el dulce de chocolate!

Con las luces apagadas,
hace su presencia la estrella de la fiesta,
adornada con velitas encendidas.

Con emoción cuentan hasta tres,
y con grandes soplidos
son apagadas todas las velas a la vez.
Y todos juntos cantan una bonita canción.

Con tristeza, la hora del adiós ha llegado,
entre gritos, sonrisas y besos se han marchado.
Los juguetes cubren el suelo
y las habitaciones están «patas arriba».

¡Nada me importa, porque hoy mi hijo
ha celebrado su octavo cumpleaños!

2. El vuelo

La escalerilla a ras de pista
traga uno a uno a cada pasajero,
que pacientemente espera aposentar
en el asiento su trasero.

Una simpática azafata con sonrisa ensayada
da la bienvenida a bordo del aparato.
Con voz tranquila anuncia por los altavoces
que en breves momentos emprenderemos el vuelo
y nos saluda en nombre del capitán
y del resto de la tripulación.

Aceleran los motores a través de la pista,
para coger carrerilla y alzarse en el aire,
con cientos de personas engullidas.

Preocupantes movimientos,
golpes laterales, vientos sospechosos
hacen zarandear al enorme pájaro de hierro,
que temerosamente surca el cielo
con inocentes personas, ajenas a su suerte.

Improvisadas modelos, con gestos y posturas,
enseñan a ponerse el chaleco salvavidas,
¡por si lo necesitas!

Surcando el espacio, cruza mares de algodón,
y a miles de metros de la tierra,
el corazón como un juguete se estremece.

Con el cinturón bien apretado,
el desfile ha comenzado:
—¿Un caramelo?, ¿un periódico?

Una viene de frente,
a la otra le miras el pandero,
todo distrae al sufrido pasajero.

A la hora señalada
se anuncia la llegada,
¡hemos sido unos valientes
al ignorar un peligro tan eminente!

3. A San José carpintero

Dicen que en el cielo están preocupados
porque San José está «cabreado»,
porque desde la tierra alguien ha inventado
en un día tan señalado, el de su santo,
una conmemoración que no viene a cuento,
y sin consultarle, la celebración del día del padre,
a su nombre se la han «endosado».

Como en este mundo el que no corre vuela,
sin saber ni cómo, con descaro
nos han implantado,
en atención al sufrido consumidor,
otra forma de hacer al acaudalado
un poco más adinerado.

Ya no consigue el honrado trabajador
ganar suficiente dinero para tantos regalos.
¿No tenemos bastantes fiestas con los cumpleaños,
bodas, bautizos, santos, Navidades y Reyes,
para que la sociedad de consumo
nos deje sin un puñetero duro?

No comprendo tantos falsos obsequios
que, al fin y al cabo,
siempre salen del mismo bolsillo;
una apestosa colonia,
una corbata horrorosa,
un maldito portarretratos…,
objetos que almacenamos
en algún cajón olvidado.

Como el padre no es rencoroso,
orgulloso invita a toda la familia
a una gran comida.
En la carta, el precio del mero
está que se sale,
el del cordero ni se sabe,
el vino de Rioja se ha puesto por los aires,
y del champán… mejor que ni se hable.

A la hora de pagar, «desenfunda»
de su cartera la tarjeta Visa.
¡Vaya cara se le ha puesto a papá
a la hora de pagar!

¿Quién demonios pensó que los padres
queríamos un día dedicado?
¿Es que no es suficiente vulnerable
nuestra descendencia a los escaparates?

San José desde lo alto está enojado,
porque dicen en el cielo
que todos somos iguales,
ricos y pobres,
y que no conseguiremos con un regalo
lo que no hagamos con amor durante todo el año.

4. ANGUSTIA

He despertado asediado de tristeza.

Los párpados se han abierto
como viejas persianas,
como un peso insospechado en la espalda
que no dejaba incorporar mi fatigado cuerpo.

Sentado al borde del colchón,
con la intención de ir al lavabo,
las piernas se resistían a la idea
de realizar cualquier movimiento.

¡Mi semblante me asustó!
Creí ver a un viejo
al otro extremo del espejo.

¡Solo faltaba una dentadura postiza
dentro de un vaso de agua!

Cansado de pies y brazos,
no pude levantar mi cepillo de dientes.

Arrastrado sobre las zapatillas,
me dispuse a enfundar mis flácidas piernas,
otros días tan atléticas.

Al abrocharme la camisa,
no reconocí mi pecho abandonado a la miseria.

Mi sonrisa alegre se había esfumado
detrás de un rostro abatido.

¡Qué holgazanería!
¿Dónde voy?
¿Quién me espera?
Mejor me acuesto en la cama
solo con mi pena.

Detengo mi intención,
buscando alguna excusa,
algún juego que me distraiga.
¡Me aburro! No encuentro motivos
para estar satisfecho.

¡Maldito tormento de días
de angustia y descorazonamiento!

5. VIAJE AL PASADO

Silbaba el viento entre las palmeras del jardín,
mientras lloraban los cristales con el agua de la lluvia,
que golpeaba en los ventanales de mi habitación.

Distante recuerdo de mi juventud,
de un viaje de mi época de estudiante.
Percibo imágenes de aquellos profesores,
que antaño se me antojaban sabios y canosos,
a los que seguramente hoy
debo alguno de mis razonamientos.

Anclado en medio de la bahía,
el islote sigue saludando con la luz del faro
a las embarcaciones que buscan resguardo.
Aquellos antiguos bares del puerto reformados
cobijan entre sus paredes tertulias de otros jóvenes,
como nosotros en aquel entonces.

Recuerdo cuerpos y nombres de amigos,
tumbados, sentados sobre aquellas camas de hotel;
entre cuentos y canciones, robábamos minutos al reloj,
apurando la noche, hasta ver salir el sol al amanecer.

Añoro el rostro angelical de aquella chiquilla:
sentada a mi lado, rozando mi mano,
aguardaba una mirada, un abrazo.

Un clamoroso trueno,
acompañado de un relámpago de fuego,
desbarató mi silencio.

Sonrío al espejo, colgado encima del escritorio,
me siento dichoso por haber vuelto a revivir el pasado
con mis antiguos compañeros.

6. Algo sobre la paz

Mi hijo me dijo: «Escribe sobre la paz».
Raudo, me he sentado, pensando que tendría para rato;
de repente, he reflexionado y me he preguntado:
¿qué es la paz?
He abierto el diccionario y me he enterado que hay
La Paz en El Salvador, La Paz en Bolivia;
políticos y militares que en su nombre
llevaron la palabra «paz», reconciliación,
a la paz de Dios, de quienes no están en guerra.

Con tanta letra ya me he liado.
A mí me enseñaron que la paz es amor, comprensión,
es querer por el hecho de ser querido,
es dar sin pedir nada a cambio,
es un intercambio de sentimientos,
transmitir a tu alrededor bondad,
no desear el mal de tu vecino ni de tu enemigo.
La paz es estar contento contigo mismo y con los demás,
es sentir respeto por la naturaleza,
es la voluntad de ayudar,
escuchar a la gente que te rodea.

Cuando aprendes que el mundo empieza por uno mismo,
y que formas cadena en contra de las guerras,
de las muertes sangrientas,
de las injusticias permitidas por abogados y fiscales,
y unos cuantos políticos y militares que juegan con la vida de
los seres humanos.
¿Quiénes les han dicho
que tienen nuestras vidas en sus manos?

¿Quién les ha hecho creer
que queremos un arma en las nuestras?
¿Por qué no disparan ellos de frente,
mirando a los ojos a sus hermanos?

Mi hijo me dijo: «Escribe sobre la paz»,
y solo me vienen a la memoria muertes, injusticias,
conflictos bélicos, inútiles asesinatos…
Te enseñan de pequeño a ser bueno, a creer en Dios.
Te explican las cosas buenas y por qué lo malo es malo.
Luego, alguien que ni te conoce te mata de un disparo.
Si a los mortales nos han enseñado lo que es la paz,
¿quién puñetas ha educado a quienes empiezan
las guerras, a los que matan a sangre fría?
¿O es que son de otro planeta?

Colección

HABLEMOS DE TI

Enciende la memoria y pone en marcha la maquinaria diabólica de la nostalgia y si no la paras, puede dolerte hasta el alma, igual te pilla de día, de noche o al alba.

Índice

1. Fusión 103

2. Una mirada diferente 104

3. Morir en tus ojos negros 105

4. Tres vidas para amarte 106

5. En algún rincón de mi mente 108

6. Como pintar corazones en el cielo 109

7. Si existieran las musas, tú serías una de ellas 111

8. Al recién nacido año 2011 113

9. Solo entonces nos querremos 115

10. En un mundo surrealista 117

11. Aviso importante: amar distorsiona la realidad 118

12. Mis cien bocas 120

13. Lluvia de estrellas 121

14. A la sombra de un pino verde 122

15. Un sueño para dos 124

16. Como una ola 126

17. Un novio pastelero 127

18. La mano que mece tus sueños 128

19. ¿Cómo pintar un beso? 130

20. No olvides que no se puede olvidar 131

21. Devuélveme la libertad 132

22. Solo recordarte que te amo 133

23. Pretérito pluscuamperfecto 135

24. Un viaje muy espacial 137

25. El poeta que quería ser pintor 138

26. Amiga, mejor me callo 140

27. Hoy no me apetece escribir del pasado 142
28. Al vino tinto de mi amigo 144
29. ¿Quién dijo que olvidar sería fácil? 146
30. Ramos de flores de papel.. 148
31. Amor de confeti 149
32. Amor a la deriva 150
33. Un tipo optimista 151
34. A mi nieto Aleix.. 153
35. Ladrón de letras 155
36. Los sueños, para los que sueñen 156
37. Un loco maravilloso 158
38. Ojos verdes 159
39. Declaración de intenciones 160
40. ¿Qué quién soy? 161
41. Recuerdos.. 162
42. Pescador de amor 163
43. No será fácil ser abuelo.. 165
44. Un mundo de chuches 167
45. Vuelvo a tu cama.. 168
46. Gota a gota 169
47. El silencio de un beso.. 170
48. Mi corazón está de fiesta 171
49. Corazón de acero 172
50. Soledad 173
51. Cómo quiero y cómo quisiera que me quisieras................. 174
52. ¿Quién te guio hasta mi casa? 176
53. A fuego lento 177
54. Condena perpetua.. 179
55. Formo parte del paisaje del mar...................................... 180
56. Mal de amores.. 182
57. Alimento de enamorados 183

58. Permíteme que te cuente cómo es ella 185
59. Perdona, rosa hermosa 187
60. Flor de plomo 188
61. Hoy he querido escribir un poema triste 190
62. Hablando de volver al pasado 191
63. Candiles 193
64. Abrazo de amigo 194
65. Yo confieso 195
66. Dejad en paz mi pluma 196

Estimado lector, este prólogo va dedicado a ti, a ti y a ti también. A todos aquellos que durante tanto tiempo habéis estado callados al otro lado y habéis leído mis poemas y habéis estado pendientes de mí, de mi forma de escribir, de mi manera de pensar o de mi peculiar sentido del humor. Hoy, querida amiga, toca hablar de ti, por haber derramado aquellas lagrimitas mientras leías mis romances; o de ti, amigo mío, por haberte emocionado visualizando los paisajes de mi isla bonita. A todos vosotros, a ti, a ti, a ti y también a ti, quiero agradeceros que estéis tan lejos y, a la vez, tan cerca de mis colecciones de poemas.

Hablemos de ti y hablemos menos de mí, dejemos que los egos se diluyan en el espacio y acordémonos de volver a hablar con aquellos amigos que hace tiempo que tenemos abandonados. Háblame de cómo es tu novia, de cómo es tu mujer o de cómo son tus seres queridos. Háblame de ellas y de ellos, de todas aquellas cosas bellas y simples que a ellas y ellos les gustaría que hablásemos. De su pelo azabache, de su sonrisa desenfadada o de los ojitos tan bonitos de tu hija Isabelita que quitan el sentido. Y, cómo no, de ese vestido rojo de tu vecinita, la del tercero izquierda, que tanto le favorece y con el que se contonea con tanta gracia cuando sale por el portal los viernes para ir de fiesta. Y no te olvides de decirle a tu madre lo mucho que la quieres y lo mucho que echas de menos a tu padre, a su esposo. Abrázala cuando te diga que todavía le sigue queriendo después de tantos años de soledad. Aquí hablaremos de ellos, de toda la gente a la que queremos.

Hoy vamos hablar de ti y de ti también. *Hablemos de ti* será otra colección de poemas en donde hallarás algún motivo para encender de vez en cuando esa lucecita que llevas en tu corazón. Sabes que consigo sorprenderte con mis letras y logro transportarte a otra dimensión. A veces, crees que soy capaz de entrar en tus pensamientos, miras con temor a diestro y siniestro por haberte desnudado por dentro. Pero no, no es cierto, no lo es, no te estoy vigilando, tan solo compartimos los mismos sentimientos, los mismos miedos y hasta los mismos sueños. Gracias por dejarme hablar de nosotros, pero hoy solo: *Hablemos de ti*.

1. FUSIÓN

Ahí estabas tú, desnuda,
y yo, anonadado, observando tu desnudez.

Mis manos, como antorchas en llamas,
intentaban aproximarse a tus pechos,
mientras tus hombros se abrían
en abrazo hacia mi cálido cuerpo.

Elevé mis brazos hacia tu abrazo,
para ceñirme a tu contorno.

Y el reloj paró el tiempo,
mientras el aire esculpía el instante
en que nuestros cuerpos se ensamblaban.

Y en un soplo, se hizo la fusión
de dos afluentes en un solo río,
para desembocar en un gran mar.

2. Una mirada diferente

Cuando tú me miras, yo me sonrojo.
Y cuando dices que me ves hermoso,
yo me muero, porque tus ojos,
solo ellos, me ven fastuoso.

Yo, por mucho que mire en ellos,
no me veo como tú me ves.
¡Sí, son hermosos tus ojos,
también lo son tus labios
y tus mejillas coloradas!

Pero yo, en tus ojos, siento vergüenza
de mi barba cerrada, de mis labios gruesos,
de mis pechos caídos y de mis flácidas piernas.

¡Cuando tú me miras, me asusto,
me siento desnudo y no me gusto!
Como tú me miras,
ninguna antes me había mirado.
¡Y es a ellos, a tus ojos,
que solo con alzar los párpados,
ya les temo!

Al final, cierro los míos, avergonzados,
y me abandono a mi suerte,
dejándome llevar por tus libidinosos ojos.

3. MORIR EN TUS OJOS NEGROS

De madrugada, al pensar en tus ojos,
veo un gran mar en calma.
Al fondo, también veo la ola quebrada
que arriba con espuma en la cresta.
Y en un rincón, el cielo se llena de bruma
mientras el rayo y el trueno los despiertan.
¡Cuánto tiempo llevo despabilado,
esperando el madrugar de tus ojos negros
para que traigan la luz a mi casa y a mi cielo!
Vengo de otros amores ciegos,
en donde no encontré en sus ojos
la luz del amanecer, ni el albor del alba.
Amores oscuros, de largas travesías
en las brumas del desierto,
en donde el sol nunca llega.
Serás tú mi lazarillo,
la que guíe mi vida hasta el infinito,
y si tengo que morir de amor,
¡que sea al calor de tus hermosos ojos negros!

4. Tres vidas para amarte

¡Qué irremediable turbación
siento cuando te veo
y qué nervios me produces
cuando abrazas mi cuerpo!

Sucumbo una y otra
y otras mil veces,
cada vez que me das un beso.

De tus labios soy esclavo
y vivo encadenado
al fuego de tu aliento,
y me abraso en el infierno
de mis libidinosos pensamientos.

En cada palabra de amor
que sale de tu boca,
me corroe la pasión
y siento un eléctrico estremecimiento,
hasta mi último vello.

Y en este mismísimo momento,
solo pienso en derretirme en tu cuerpo:
con mis dedos acariciarte
mansamente los pechos,
y con mi boca comer de tu boca
hasta volverte loca.

Tú eres, amor mío,
mi vicio, mi lujuria, mi delito.

Serás mis próximas tres vidas,
si es que me quedan más vidas
¡después de esta vida!

5. EN ALGÚN RINCÓN DE MI MENTE

Ahí está ella, presente
en algún rincón de mi mente.

Ahí está, como siempre,
esperando cualquier momento
para aparecer corriendo
cuando en ella pienso.

Durante el día me sonríe,
me habla y juega conmigo.
Ahí está, bella como una rosa,
vestida de blanco,
susurrando palabras tiernas
o, simplemente,
jugando con mi mente.

Por la noche, ahí sigue
todavía más bella, si cabe,
y cuando la llamo, a mi lado,
se acurruca sobre mi pecho,
que le sirve de manto
y me mira con ojos cálidos.

Ahí está, ahí sigue
después de tantos años:
¡bella y presente!

6. COMO PINTAR CORAZONES EN EL CIELO

Somos dos aves libres
cruzando el cielo,
con el aire soplando
en nuestra frente,
buscando un árbol
donde construir nuestro nido.

Los tallos, las hojas,
las ramas y los pétalos
serán los materiales
de nuestro nidito de amor.

Grande será el nido
y en él cabrá todo.
Lo llenaré de alegría,
de sonrisas, de caricias,
de todas las cosas buenas
que hay en la tierra,
para que no tengas que sufrir
ni un solo día de tu vida.

¡Quiero volar libre, ala con ala
y cada día más y más alto,
hasta perder el mundo de vista!

Quiero decirte, paloma mía,
que antes de conocerte
no conocía la felicidad,
y hoy, ¡dibujo corazones en el cielo!

7. SI EXISTIERAN LAS MUSAS, TÚ SERÍAS UNA DE ELLAS

Tu mirada me alegra la mañana,
tu sonrisa me da la fuerza necesaria,
tus caricias me llenan de ternura todo el día,
y tu cariño eleva hasta el infinito mi autoestima.

¡Qué sensación más dulce
la de mirar tus ojos!
¡Qué calma tenerlos enfrente
para volar en su sintonía!
Amo tu vida, amo nuestra vida.

Te siento mía, cerca, muy cerca,
adentro, muy adentro
de mi pensamiento.
Y allí te tengo guardada
como una joya,
como una reina,
como una amapola.

Todo lo que siento
a ti te lo debo.
Sin ti estaría vacío,
no existiría la fantasía,
el oro se convertiría en bisutería,
la esmeralda en pedrería
y la dulzura del beso
amarga se volvería.

Eres la razón de mi sinrazón,
la razón de mi destino, de mi camino.
El agua clara que lava mi cara,
el espejo con el que
me miro cada mañana.

Eres, sin duda,
la presencia de mis necesidades,
la ausencia del dolor de amores,
la llama que me abraza en la cama.

El latido de mi corazón,
el suave suspiro, la leve sonrisa.
¡la musa que me inspira el día a día!

8. AL RECIÉN NACIDO AÑO 2011

Camino de las doce de la noche,
allí, un poquito más cerca,
va llegando el año nuevo.
Despacio, va despertando
de tan largo parto,
para nacer el primer día del año.

Llega contento,
siguiendo la estrella de oriente
para ser el primero
en nacer en enero.
Y junto a los Reyes Magos,
ofrecerle al Niño Jesús
el mejor de los regalos:
¡un nuevo año!

Un invierno blanco, de manto helado,
un otoño gris, de hojas secas,
un verano azul, de cielos claros
y una primavera roja, de flores hermosas.

Con la última campanada,
irá creciendo cada segundo,
cada minuto, cada día,
cada semana el resto del año.

Después, recorre
el febrero y el marzo
y nos va dejando
los mejores recuerdos de su viaje.

Volando cruza el abril, mayo y junio,
y andando pasa el julio, el agosto
y el septiembre, pero nunca
se olvida de hacernos presentes.

A su paso va dejando huella
para que no olvidemos
que los meses van pasando:

a unos los casa, a otros los separa;
a algunos les da la vida y a otros se la quita,
pero nunca nos deja indiferente.

Llega el octubre, el noviembre
y después, al mes siguiente,
diciembre, nos abandona,
porque él, como nosotros,
también muere y nos dejará a su hijo,
que allá a lo lejos viene…

9. SOLO ENTONCES NOS QUERREMOS

Tú, amor, me miras,
tú, amor, sabes que estoy aquí,
junto a ti, a tu vera, a tu verita,
meciendo tus sueños.

Tú eres mi única razón,
la única verdad de mi vida.
Aquí me tienes a tu lado,
contemplando tu carita divina.

Tu hermosura dulce y delicada
llega hasta mí, con luz tranquila.

Quisiera pensar que esta luz
me guiará hasta más allá
de esta belleza lozana,
más allá del tiempo presente,
en que los cuerpos
van perdiendo su lozanía.

Amada mía, será entonces
cuando averiguaremos cuánto
ha habido de cierto en nuestro amor.
Será entonces, solo entonces,
cuando cada abrazo, cada beso,
cada deseo fue fruto de un amor duradero.

Será entonces
cuando todavía siga a tu vera,
a tu verita, meciendo tus sueños
cuando podamos decirnos a ciencia cierta:
«Te quiero».

10. En un mundo surrealista

Sufro por no tenerte,
pero no por esto he dejado de quererte.
Y aunque tú ya no me quieras,
no podrás impedir que en ti piense.

Porque pensarte es como tenerte,
y no te necesito para besarte,
solo con quererte y pensarte
para mí es suficiente.

Al pensarte, en mi mundo surrealista,
creo que todavía me quieres,
que tus besos siguen buscando mis labios
y que tu cuerpo y mi cuerpo
se funden en un mismo cuerpo enamorado.

Mira, amada, todavía te amo
y con pensarte consigo
unir nuestras vidas para siempre.
Pensarte es tenerte a mi lado
y seguir inventando un mundo aparte.

Allá no ha cambiado nada.
Allá tú sigues siendo mi reina.
Allá tú me besas, tú me amas.
Allá tú sigues viva en mi alma.

11. Aviso importante: amar distorsiona la realidad

No, amigo, no puede ser verdad.
¿Por qué cuando estamos enamorados
todo lo que hacemos transforma
la más pura y lógica realidad?

No, amigo, no puede ser verdad,
seguro que vivimos en un sueño,
en otra dimensión, en otro espacio
o en otro planeta.

El tiempo se vuelve más lento
cuando estamos alejados de ellas,
más rápido cuando estamos abrazados,
más dulce cuando las besamos,
más amargo cuando nos peleamos.

Cuando estamos solos,
es como estar embriagado
y, a la más mínima señal,
cruzamos el mundo de lado a lado.
¡Daríamos la vida, aunque fuera
por un simple abrazo!

¿Te das cuenta, amigo,
como todo es muy extraño?
Nos convertimos en esclavo
de una perversa hechicera
que se apodera de nuestra mente
con extraños brebajes.

Y así, mansamente,
sin que nos demos cuenta,
ellas, entre ungüentos y sortilegios,
nos van robando el alma.

12. MIS CIEN BOCAS

La soledad me desespera y me reconduce
por caminos perdidos en el frío recuerdo
del inicio del primer encuentro,
en donde naciste para mi boca.

Como colibrí, besé tus labios.
Con mano de seda, llegó aquel beso
de mis cien bocas ansiosas,
en donde aprendiste en cada una
el sabor de cien pócimas mágicas.

Recuerdo, ahora que la soledad se obstina
en memorar el pasado,
que me amabas con un amor inusitado,
y puedo gritar a los cuatro vientos
¡que juro que me amabas, que me amabas
como a nadie jamás has amado!

¡Oh, mi flor de alhelí, y también juro
que mi boca nunca saboreó tanta frescura
y en cada uno de los cien besos
un manantial de agua fresca me erizaba todo el cuerpo!

Hoy te acuso de ser la ladrona de mis noventa y nueve bocas,
porque el día que te fuiste me dejaste con una sola
y con el desespero de aquellos noventa y nueve besos
que morirán presos en tu boca.

La soledad me mata, el tiempo pasa.
Yo lloro mis bocas y a ti,
porque ya no te quedan besos.
¿Cuánto tiempo podrán vivir
las bocas sin los besos?

13. LLUVIA DE ESTRELLAS

¡Qué corta se hace la noche,
amada mía, cuando dos cuerpos
ansiosos de pasión se entregan
locamente al placer de amar,
teniendo como testigo
la oscuridad del cielo!

Y es entonces cuando yo
me convierto en luna;
tú, en estrella errante;
los besos, en luz plateada,
y las caricias, en el firmamento.

¡Tan alto se eleva nuestro amor,
tan fuerte es el deseo,
que nos volvemos pedacitos de cielo!
Allá arriba, allá a lo lejos,
allá donde casi ni nos vemos.

Volamos por un espacio sin final,
a lomos de tu caballo blanco,
a la grupa de mi caballo negro.

Noches en que el amor
se derrite en el cielo
y se trasforma
en lluvia de estrellas.

14. A LA SOMBRA DE UN PINO VERDE

Bajo un caluroso sol de verano,
paseábamos por estrechos caminos,
entre casitas blancas y rebaños de ovejas.
A lo lejos, repicaba la campana
de una iglesia pintada de cal viva.

Caminábamos sin rumbo
hacia la sombra de un monte de pinos verdes.
El grillo, la mariposa, la lagartija,
el pájaro, el gato y la liebre
eran nuestros compañeros de viaje.

Mi voz, temerosa de mi pareja
y de la soledad del paraje,
pronunciaba de vez en cuando
alguna que otra palabra sin sentido.
A cada una, su risa sonaba en el silencio
de aquel bosque de pinos verdes,
como una banda desafinada.

Los pájaros seguían piando a nuestro paso
y los grillos no paraban de dar la lata.
Cansados del trayecto, nos sentamos
sobre una piedra a la sombra de un viejo pino.

Yo seguía temblando, emocionado,
cada vez que miraba a aquella niña
de carita de ángel, de olor a romero,
a tomillo y a lavanda.

Puso su mano sobre mi mano.
¡Pensé que me moría!
Puso sus labios sobres mis labios.
¡Pensé que me moría!
Me dijo al oído que me quería.
¡Pensé que me moría!

En un solo instante,
su mano, sus labios, su voz
me recordaba que me amaba.
¡No fue solo un beso,
ni tampoco fue un sueño,
porque yo también la quise!

¿Quién sabrá nunca
si fue la mariposa o el grillo,
el tomillo o la lavanda,
el camino o el pino verde?

¿Quién sabrá hoy dónde estará
mi niña de carita de ángel?

15. Un sueño para dos

Llegó a mi isla,
dulce y hermosa,
rodeada de una aureola
de luz y fuego.

Aquel mismo día,
soñé que con ella dormía,
navegando en un velero,
surcando el Mediterráneo
sobre un mar azul cielo.

Dejé al sueño
que navegara a la deriva,
mientras la contemplaba
boquiabierto, jugando
desnuda con la aurora.

Ya sé que todo
fue fruto de mi mente,
pero fue entonces,
en aquel mismo instante,
cuando su sueño
se coló en mi sueño,
y en un mar abierto,
seguimos los dos
navegando en el mismo sueño.

Sus ojos, cual estrella polar,
me guiaban y, a su lado,
encontré la paz y la calma
que mi alma ansiaba.

La noche nos envolvió
en su manto negro, a juego
con las estrellas chispeantes
y una luna llena plateada.
Mientras, un coro angelical
le cantaba una canción de cuna.

Pernocté toda la noche
con mi mano sobre su cara,
con mis labios pegados a sus labios
y con los ojos atento,
para que no despertara
nunca jamás de su sueño.

Sus labios, de repente,
despertaron del sueño
y me tiñó los labios
con un beso ardiente,
salido de las profundidades del mar,
¡con sabor a algas y a sal!

Salió del sueño llorando,
entre rayos y truenos,
y yo quedé anclado en mi sueño,
buscándola en cada puerto.

16. Como una ola

¡Qué dulce es imaginar
un despertar acariciándote
lentamente y comprobar
que tú eres la ola, ola, ola
y yo un náufrago en tu mar!

¡Que ola tras ola rizada
con espuma encrestada
alcanza mansamente la orilla
para besar mi boca salada!

E intuyo la ola, ola, ola
continua, fluida y fresca.
Ola de aroma de sal marina,
así es mi ola, ola, ola,
cuando llega al despertar.

Y así espero, pacientemente,
la ola, ola, ola plateada,
infinita y lejana, cada mañana
tumbado en la arena, para jugar
con ella, con mis dedos en su playa.

17. UN NOVIO PASTELERO

Amada de mi alma, si hoy pudiera elegir
un nuevo oficio, sin duda alguna
pediría el de pastelero,
porque desde que te conozco,
la pastelería para mí no tiene secretos.

Y al mezclar los ingredientes,
inventaría un pastel diferente:
con tu cuerpo haría el bizcocho;
con tu pelo, cabello de ángel;
con tus ojos, azúcar moreno;
de tus labios, fruta fresca,
y de tus pechos, dulce chocolate.

¿Ves, querida, como tengo todos los elementos
para hacer de tu cuerpo un pastelillo inédito?

¿Te das cuenta ahora, vida mía,
por qué le pongo tanto esmero
a cada caricia y a cada beso?

No es solo por el hecho del deseo,
¡válgame Dios, que también es cierto!,
pero sin duda es porque aprendo en cada encuentro.

¡Ay, amada mía, si yo fuera pastelero,
haría un millón de pasteles
para envidia de la gente,
para que creyeran que en cada pastelito
se llevan un cachito de cielo!

18. LA MANO QUE MECE TUS SUEÑOS

Aparecía en lo alto la luna,
inundando el mar de estrellas.

En la habitación con luz de velas,
ella jugaba con las sombras.

Sobre la mesita, un jarro de rosas
y una foto de dos jóvenes corazones.

Las velas lloraban a cada instante
el paso inexorable de la noche.

Por la ventana llegaba el suspirar
de las olas, al llegar a la playa,
y el viento silbaba una romántica
canción a ritmo de salsa.

Ella, inocente, jugaba con las manos
y me preguntaba cosas sin importancia
para que relatara historias fantásticas,
que yo me inventaba, mientras me miraba.

¡Ay, cuánta gracia escondía su sonrisa!
¡Cuánta alegría contenía cuando yo le platicaba
de brujas, de princesas, de duendes y de hadas!
Se abrazaba a mi cuello y su boca me callaba.

Se nos caía la noche con tanta charla
y nos hallaba el alba, como tantos días,
jugando con las sombras de las últimas llamas,
dibujando sobre la pared blanca dos alas.

Se nos fue la luna, se nos iba la llama,
se nos fue la ola, se perdió la samba.

Pero cada mañana quedaban dos almas,
almas abrazadas, mientras el mundo se apagaba.

Mi boca pegada, las manos entrelazadas,
el silencio se hace presente en la estancia.
Concluyeron las caricias y las fábulas.

—Duerme, mi amada,
que yo acunaré tu cama,
luego me apoderaré de tus sueños,
para atravesar el cielo
volando en palomas blancas
hacia un lugar, allá a lo lejos,
donde el sol nunca salga.

19. ¿CÓMO PINTAR UN BESO?

¿Cómo explicar lo que siento en cada beso?
Es la suma del olor púrpura del jazmín
y el matiz espeso del cerezo;
es la luz de un espejo
que refleja tu rostro cuando te peinas el cabello.

No es pasión lo que hace que te diga lo que pienso.
Te juro que cada uno de ellos es como el primero.
El viento del oeste me somete y Cupido hace el resto,
tormenta y calma hallo de uno al otro encuentro.

El color de tus labios me tiene preso;
unas veces rojos, como claveles tiernos;
otras, del color del cielo, y en cada aliento,
se vuelven del color del oro, mirra e incienso.

Cómo decirte, sin ruborizarme, que los adoro,
que no existe mejor néctar que el de tus labios
y que el tiempo se hace eterno cuando no los beso,
porque no veo cuando el sol y la luna juegan con ellos.

20. No olvides que no se puede olvidar

¡Ay, Señor, cuánto tonto anda suelto
que dice que la distancia es el olvido,
y no sabe que cuando más duele el amor
es cuando anda lejos la persona que amamos!

Enciende la memoria y pone en marcha
la maquinaria diabólica de la nostalgia,
y si no la paras, puede dolerte hasta el alma,
igual te pilla de día, de noche o al alba.

¡Qué lejos está el olvido! Aunque viva al lado,
da lo mismo que esté en Murcia o en Chicago.
Cada vez que te acuerdes, quisieras no haber nacido;
el dolor se hace intenso y preferirías no haber querido.

Pobre del que vive en la ignorancia
y cree por un solo instante que ya ha olvidado,
y porque ya no sufre está salvado, ¡pobre diablo!
¡Corre, corre, que por mucho que corras no estás curado!

Puede alejarse el tren de tus recuerdos,
pero los pensamientos son eternos.
Tal vez un día creas que los has borrado,
pero cuando mires atrás, verás que tienes un pasado.

Y allí seguirán, mirándote burdamente.
¡La distancia y el olvido no existen,
son fruto de tu mente!

21. Devuélveme la libertad

A ti, ángel mío,
que siempre te tengo
presente en mi mente,
pero ya ha llegado el día
en que ya no quiero
por más tiempo quererte.

Estás en cada rincón,
en cada árbol,
en cada piedra,
en cada esquina.

Estás en cada beso,
en cada abrazo,
en cada palabra,
en cada lágrima.

Estás en cada mirada,
en cada voz,
en cada grito,
en cada silencio.

Estás en mi sueño,
en mis sueños,
en mi esperanza,
en mi soledad.

¡Y es que no puedo más!
Estás matándome de amor,
pero tú ya no estás…

¡Quiero que me devuelvas
mi libertad!

22. SOLO RECORDARTE QUE TE AMO

A ti, muñeca mía,
quiero explicarte que te amo,
que te amo de este a oeste,
de norte a sur,
de Madrid a Singapur,
del polo norte al polo sur,
del cutis a la médula,
del gemido al silencio.

¡A ti, muñeca mía!,
quiero explicarte que estoy enamorado,
que te he nombrado mi dueña
y te he construido un castillo
para coronarte reina.

Desde el día que te conocí
ya no ha habido más luz
que la de tus ojos,
ni más sonrisa que tu risa,
ni más besos que tus besos.

Te amo y por ti desvarío
porque eres original;
eres amapola, gota de rocío,
luciérnaga y mariposa.

Quiero caminar por el mundo
a tu lado, atado a tu mano
para que nunca más estés sola.

Por miedo a perderte, muñeca mía,
hoy me he sentado
delante de un papel en blanco
para recordarte ¡que te amo!

23. PRETÉRITO PLUSCUAMPERFECTO

Subjuntivo, indicativo, pretérito,
tiempo presente, tiempo futuro,
tiempo pasado…

Vuelven a mi memoria, como ola fresca,
emociones de ternura.

Y conjugando los tiempos del verbo,
regreso al tiempo pasado,
y te transporto al tiempo presente,
igual de hermosa que cuando eras mi «novia».

Tus ojos avergonzados delatan
que tu corazón todavía sigue enardecido,
y cada vez que me miras, el mío se acelera,
golpeando el pecho, como un loco encarcelado.

Pluscuamperfecto, presente de indicativo.

Hoy quisiera volver a estar enamorado
de la misma chica de pelo y ojos negros,
y sonrisa angelical con la que conjugaba
las tardes de invierno el verbo «besar».

Gerundio, imperativo.

El presente establece el pasado
y las dudas de joven inexperto
hacen que me pregunte ineludiblemente
por qué pasó el tiempo tan rápido.

Se nos escapó de las manos
entre juegos de adolescente,
mientras desmenuzábamos
los tiempos del verbo «amar».

¡Adiós, mi gran amor de antaño!

Hoy he querido volver a conjugar
los tiempos de los verbos
y te he devuelto al presente,
para adivinar cómo nos queríamos
en el tiempo pasado.
Pero no estés triste, chiquilla,
porque en un tiempo futuro
volveré otra vez para liberarte.

24. Un viaje muy espacial

Amigo, hoy te invito,
porque hoy será un día especial
y quiero que me acompañes
a volar por el espacio
a bordo de mi nave espacial.

Ven ligero de equipaje,
solo precisas imaginación.
¡No me seas incrédulo, amigo,
que hoy puede ser un gran día!

Conocerás planetas,
viajarás por las estrellas.
La luna será nuestra guía,
el sol iluminará la travesía
y, desde el firmamento,
veremos el planeta Tierra.

Amigo mío, no te «rajes»
porque te necesito
de compañero de viaje.
Dejaremos atrás este mundo
hipócrita y estresante,
y entre ovnis y meteoritos,
olvidaremos las miserias terrenales.

Sumérgete en tu corazón de niño,
que la nave va a despegar.
¡Amigo, abróchate el cinturón,
que el espectáculo va a comenzar!

25. EL POETA QUE QUERÍA SER PINTOR

Ya no encuentro palabras en el diccionario,
ni puedo ya inventarlas,
que hagan justicia a tu belleza,
y sufro en cada intento
de inmortalizar tu cuerpo,
solo empleando miserables letras.

Hoy cambiaría la inspiración del poeta
por la imaginación del pintor,
mi pluma por un pincel,
el papel por el lienzo
y la tinta por óleos de colores.

Solo por pintarte y dejar de sumar letras,
porque no consigo, por mucho que escriba,
plasmar tu hermosura con tanta ortografía.

Si fuera pintor, amada mía,
ya no haría falta que cada día
te reinventara y, en un cuadro,
podría mirarte el resto de mi vida.
¡Ay, dulce mía, cuánto me agradaría
coger el pincel y rebañarlo con los colores,
fantaseando los matices de tus curvas!

Te pintaría a la luz de la luna
de color de manzana desnuda.
Tu pelo, de negro, jugando con el viento
y, al fondo, un millón de estrellas
brillando en un mar azul intenso.

Tus ojos, del color de la tormenta,
uno rayo y el otro trueno.
Los labios, sin duda, de color cereza,
que tiñan los míos en cada beso.
Los pechos solo tienen un color,
el de la miel, miel de abeja, ¡miel de reina!

Déjame que, por un día,
cambie mis herramientas,
porque quiero tener un cuadro,
un cuadro grande,
para contemplar tu inmortal belleza.

Deja que pinte tu cintura,
brazos y piernas
del color de la seda,
que mis dedos, al acariciarte,
hagan que me desvanezca.

Deja que vuelva el día y amanezca,
que la luz del alba
se arrastre hasta el lienzo
para colorearte el alma.

Deja, amada, que este poeta
¡haga su obra maestra!

26. AMIGA, MEJOR ME CALLO

Tengo un dilema, ¡pobre de mí!,
y es que no puedo dejar de pensar en ti
y no sé si a ti te pasa lo mismo.

Me da miedo decirte que te quiero,
que tengo una espina clavadita
en mi corazón y que todo el día
estás runruneando por mi cabeza.
Y me pregunto si yo para ti
soy tan importante como tú lo eres para mí.

Ya ves que no es broma,
el día a día me abruma
y no me da tregua.
Las noches son eternas,
cuando no pienso en tus ojos,
me duermo y entonces despiertas
en cada uno de mis sueños
hasta el nuevo amanecer
y mi vida se convierte en un sindormir.

Ya te he dicho que tengo un dilema,
que seguro que no vale la pena,
que mi corazón como otras veces se equivocó
y que tengo que empezar a aprender a olvidar,
a dejar de amarte en silencio,
a dejar de buscar en cada mirada
un mensaje de esperanza,
o una sonrisa cómplice de enamorada.

¿Ves, amiga mía,
por qué cuando estoy a tu lado,
me distraigo y miro a otro lado?
¿Te das cuenta por qué me sonrojo
cuando me coges la mano
o me das un beso en la mejilla?
¿Te das cuenta ahora, amiga mía,
por qué huyo despavorido
a cada roce de tu mano?

¿Ves como tengo un dilema,
que te quiero con locura
y no puedo quererte,
porque también puedo perderte
y que el amor que siento me mata,
pero también es cierto
que si te pierdo me muero?

¡Amiga, mejor me callo!,
y sigo sufriendo en silencio,
esperando que un día, amiga mía,
sientas lo mismo que yo siento.

27. HOY NO ME APETECE ESCRIBIR DEL PASADO

Hoy no quiero, no me apetece escribir.
Hoy no quiero, no me apetece recordar.
Hoy no quiero pensar.

No, ni quiero, ni me apetece volver atrás
y sacar de un viejo libro empolvado el pasado.
No, definitivamente hoy no es el día, ¡me duele!
Sí, me duele desempolvar las fotos amarillentas,
las fotos de color, la libreta de notas del instituto.

Las cartas de amor con dibujos de corazones
atormentados por un ángel desatinado.
Desenterrar las viejas heridas de amores olvidados,
viejos aromas, colonias pasadas de moda,
besos furtivos, lágrimas desgarradoras de adolescente,
bailes atados al son de una canción bucólica.

No, hoy no quiero, ni me apetece escribir
de sueños de jóvenes soñadores bajo el influjo de la luna,
de miradas lánguidas y promesas de amor eterno.
No quiero tener nostalgia de mis pasadas ansias,
de noches en vela, de esperas y desengaños.

Hoy no quiero, no me apetece recordar,
porque me rompe el alma en cada pensamiento.
¿Dónde guardarán ellas sus recuerdos
y estas fotos que yo todavía venero?

Tal vez yo ya no sea ni tan solo un recuerdo,
tal vez no tengan la ilusión de cerrar los ojos
y volver a sentir aquellos labios húmedos junto al mar,
o visualizar aquellas películas del oeste en blanco y negro,
entre apasionados abrazos en la última fila del cine.

No, no, no quiero, ni me apetece escribir de melancolía,
de libros de texto, de olor a lapicero, de profesores juiciosos,
de recreos jugando con los compañeros
a perpetuos partidos de fútbol.

De domingos de olor a jabón, a brillantina,
a ropa limpia y a misa.
Hoy no quiero, ni me apetece escribir del pasado…
tal vez mañana.

28. AL VINO TINTO DE MI AMIGO

Hoy, amigo, quiero confesarte que tengo nostalgia
de aquellas noches de charlas, de amigos y vino.
Sí, nostalgia de la mesa y las sillas de tu terraza,
que mira al cielo azul, a la luna clara y al mar Mediterráneo.

Quiero escribir, hoy y ahora, que es invierno,
a las noches calurosas de agosto.
Aquellas noches largas de tertulia,
siempre acompañados por una botella de vino,
razón indiscutible para que en el horizonte
se nos cuele el alba.

Qué cosa más extraña que al cobijo de un tinto
del color del alma, en plena ebullición,
nos destierre el silencio de la noche encantada
e inunde de palabras hasta el monte más cercano.

¡Amigo, ese tinto! Ese tinto nos arranca las penas
de lo más hondo de nuestro ser a carcajadas
y de los más dulces gozos nos arranca las lágrimas.
Qué extraña poción tendrá este vino bebido en tu casa,
que en la soledad de mi terraza, aunque apure la última gota,
lo único que gano es una lastimosa resaca.

Qué tendrá el vino que nos das, que nos une
y uno a uno va dejando en el invite el alma,
aunque luego, ya de madrugada, no atinemos,
y más que palabras entrelacemos algún murmullo.

Supongo, amigo, que tu vino no tiene secretos
que son caldos cultivados para tomar,
que son cepas criadas por el hombre,
que son cultivadas con amor y dulzura
y guardado en barrica largo tiempo en la oscuridad.

No pongo en duda el proceso de este caldo celestial,
que sin duda es un proceso natural hasta llegar a la garganta.
Y es justo en este momento cuando yo debato contigo:
¿Por qué necesito para beber este vino tinto a mis amigos,
a la mesa y a las sillas de tu terraza que mira al cielo azul,
a la luna clara y al mar Mediterráneo?

29. ¿QUIÉN DIJO QUE OLVIDAR SERÍA FÁCIL?

Me creía liberado de su influjo sobre mi mente
y que el tiempo se había encargado
de esparcir las cenizas del olvido,
desde aquel mismo instante que salió
volando como paloma emigrante.

No, fue fácil. No, no lo fue
vivir sin entender jamás
por qué la perdí y me abandonó
en el más absoluto de los silencios.

Me encerré en mi propia cárcel de cristal
y empecé sin pausa alguna,
con todo el dolor de mi mundo,
a destruir uno a uno
cada sentimiento de mi corazón,
cada imagen grabada en mi mente,
cada recuerdo que surgirá en mi cabeza.

Enterré en el olvido caricias, besos, promesas
y, sin remedio, tuve que enterrar
al más bello de todos mis pensamientos:
el de su cuerpo. ¡Oh, Dios, su cuerpo!

Olvidé aquello que me hacía más débil
e intenté volver a vivir mi vida sin ella.
Salí de mi exilio convencido
de volver a ser un hombre nuevo.

¡Craso error el mío!
Aquel día, aquel maldito día…
en el mismo instante que pisé la calle,
al primer contacto con el viento,
creí oler el aroma de su perfume. ¡Maldición!

Se volvió a encender el volcán de mi memoria
y ahí está ella, de nuevo, seductora y buscona.
Y allí permanece de nuevo sonriente,
como niña mimada, jugando a su antojo con mi mente.

30. Ramos de flores de papel

Sé que nunca más leerás
ninguno de mis poemas,
y que escriba lo que escriba,
nada cambiaría.
Tal vez esta sea mi fuerza,
que te ame sin que tú lo sepas.

Nunca pensé en quererte,
ni mucho menos amarte locamente,
pero ahora que ya me olvidaste,
escribo con mi pluma lo que fluye
de este pobre poeta enamorado.

¡Mira si te sigo amando,
que todavía hoy te escribo
poemas de amor, como antaño!
Como cuando llorando en mi regazo
repetías una y mil veces:
«Nunca me abandones».

Ya ves, «espinita» de mi vida,
que por ti todavía me levanto,
por ti suspiro, por ti muero,
por ti invento y te reinvento.

Y cada día, desde que te fuiste,
en cada letra, en cada palabra,
en cada frase, en cada relato
y en cada uno de mis poemas,
te mando un ramo de flores.

31. AMOR DE CONFETI

¡Ay, amor de papel,
cuánto sentimiento desaprovechamos
cuando el amor que emanamos
no nos es correspondido
y cuánto tiempo perdemos
en soñar con el ser que amamos
y que nunca seremos correspondidos!

Pedimos a los cuatro vientos
que por la noche miren las estrellas,
en donde hemos depositado
un deseo en cada una de ellas.

Que se sienten en las rocas
a esperar que choquen las olas,
igual que nuestros besos
romperían contra su boca.

Que liberen su corazón
para que un día podamos entrar,
porque si por un momento pensáramos
que nunca lo íbamos a lograr,
preferiríamos morirnos,
antes que empezar a olvidar.

32. AMOR A LA DERIVA

No quisiera que hoy
me miraras a los ojos,
ojos del color del cielo
y que ahora solo ven desierto.

Tampoco quisiera
que me dieras un beso,
un beso a estos labios
en donde antes hallabas fuego,
y hoy solo sientes viento.

Me siento solo,
solo con tu recuerdo.
Navego en un mundo de silencio,
en un océano inmenso.

Tampoco quiero
que acaricies mi mano;
mano que ayer fue de seda
se ha vuelto rancia y arrugada.

No quiero que me mires a la cara,
mi cara no quiere verte,
y donde antes veía joya y esperanza,
hoy solo ve tristeza y lejanía.

Hoy estoy extremadamente triste,
ya no tengo suficiente con los sueños
para seguir despierto, queriéndote.
Nuestro barco se hunde
y te necesito más que nunca a mi lado
para ponerlo a flote.

33. Un tipo optimista

En la habitación, la oscuridad emerge
mientras las sombras y el silencio
invaden cada minúsculo detalle.

Su voz ya no suena, ni su sonrisa retumba,
sus besos se los llevó el viento
y su aroma desapareció tras ella
el día que cerró la puerta.

Nostálgica quedó la cama
de sábanas de hilo.

Afligidos quedaron los candelabros,
que alumbraban con luz lastimera.

Mientras, al andar de la luna,
desfila su delgada figura
en los primeros compases de música clásica.

Este desamor no me mata, ni me arrastra,
ni me desgarra, ni me asusta.
El amanecer me encuentra tranquilo y despierto,
aunque a veces me halle lastimero o meditando:

«¿Cómo se puede conocer tanta dicha,
tanta felicidad, tanto amor, tanta dulzura
en brazos de otro ser humano?».

A la hora del desabrazo, el despecho
hace polvo todo el amor acumulado,
olvidándolo en algún lugar oculto.

Mas todo, amor y desamor,
forma parte de la existencia.

Ahora, en la penumbra de esta cama,
antes compartida, llora un trozo de mi alma,
pero otro pedazo, el de mi conciencia,
desarregla las lágrimas antes vertidas
por haber compartido «la vida»
junto a otra persona que me quería.

34. A mi nieto Aleix

De lo más lejano
de mis recuerdos
veo un crío llorando,
igual que ahora llora
este «renacuajo».

Y es que por sus venas
corre sangre de mi sangre.
Su mano busca otra mano
y yo le tiendo la mía,
para que siempre
las dos estén unidas.

Pequeñajo, diminuto
recién nacido,
nada has hecho
ni nada has dicho,
para que yo te quiera.

Pero fíjate, minúsculo ser,
que yo ya te quise
antes de nacer.
Y aunque, callado,
asistí a tu parto,
al primer sollozo
supe que serías mi amigo.

Extraña forma de amar
es la que siento
por este pequeño ser
y prometo que,
mientras yo tenga vida,
lo voy a proteger.

35. LADRÓN DE LETRAS

Me río, me extraño, me sonrojo
y busco a diestro y siniestro
cuando oigo que me dices «poeta»,
porque nunca en mi vida pensé
en juntar más de dos letras.

Hasta el día que contemplé tu hermosura;
en aquel instante llenaste mi corazón
de vocales y consonantes,
despertaron mis sentimientos
y, con pluma en ristre,
tuve que contarte a cada instante
cualquier pensamiento que en mí nace.

Pero esto no es obra mía, sino tuya,
porque aquel mismo día
te convertiste en pura poesía.

Yo, amada, soy un ser tímido y normal
que por ti me convertí en inventor de palabras.
También es verdad que escribo de otros temas,
pero es solo para rimar con «belleza»;
sol, flor, mar, bosque, luna,
mariposa, hierba, monte, hiedra,
árbol, luz, oscuridad, estrella.

Ya ves, amada, que no soy ningún «poeta»,
que solo soy un simple ladrón de letras.

36. LOS SUEÑOS, PARA LOS QUE SUEÑEN

¿Vos, princesa de mi alma,
queréis saber cómo
llegasteis a enamoraros
de un ser mortal, banal
y normal como yo?

Pues os juro por mi vida
que no me fue difícil;
no hizo falta hechizo ni ungüentos,
ni pócimas ni conjuros,
solo os miré a los ojos
mientras vos hablabais.

Me reí de vuestras gracias
mientras os reíais.
Busqué en el firmamento
la misma estrella en un cielo estrellado.

Olí la misma flor
en un jardín inmenso.
Caminé a vuestro lado
en un bosque encantado,
mientras escuchabais el silencio.

Tampoco fue difícil quereros,
porque ya os quise
antes de conoceros y resultó fácil
que de mí os enamoraseis,
porque yo soy en vuestros sueños
«el príncipe encantado».

Y ahora, princesa mía,
permitidme que desaparezca de vuestro sueño,
hasta que me necesitéis en otra fantasía.

37. UN LOCO MARAVILLOSO

Hace tiempo que tengo miedo
y me falta coraje
para decirte a la cara
lo que mi corazón siente.

Tú tranquila, amiga mía,
que, aunque por dentro me muera,
no es difícil decírtelo,
pero es que casi no me atrevo,
por si luego te pierdo.

Pues bueno, ahí va eso:
—¡Que te quiero!

Pero no creas que es solo «eso»,
que lo que siento, además de amor,
es pura paranoia por tus huesos.

Unos se enamorarían de tus ojos,
otros de tu boca o de tu pelo,
y la mayoría, de tus pechos.
Pero yo, amiga, quiero ser tu criado,
tu cocinero y tu peluquero.

¿Ves ahora, amiga mía,
por qué tengo miedo
de decirte lo que pienso?
Porque mi amor solo puede ser obra
de un pobre loco enamorado.

38. Ojos verdes

Nunca más volveré
a ver otro amanecer
en tus ojos verdes,
como tampoco volveré
a prepararte el desayuno
mientras duermes.

Los dos aprendimos a amarnos,
pero mañana no sabremos
qué decirnos cuando nos separemos.

Recuerda que donde tú vayas
yo también iré,
y por donde pases
yo ya pasé.

Te juro que nunca te sentirás sola,
y si tú quieres que yo esté donde tú estés,
llámame y allí estaré esperándote.

Escogiste un camino diferente,
y en tu equipaje te llevas mi vida
y yo me quedo solo, muy muy solo y triste.

Pero quiero decirte, antes de partir,
que nadie, por mucho que lo intente,
sabrá ver «un amanecer»
en tus increíbles ojos verdes.

39. DECLARACIÓN DE INTENCIONES

Amor, tengo miedo
de que lo nuestro sea efímero,
porque sé que te quiero,
que te adoro a ti y a tu cuerpo
y me diluyo en tu boca en cada beso.

Pero sé que el amor es traicionero,
que es droga dura,
que hoy te enganchas
y mañana necesitas ayuda.

Amor, hoy por mí te mueres,
pero tal vez mañana, cuando te llame,
no me cojas el teléfono.
¡Ya ves, mi niña, que te soy sincero!

Quiero que sepas que te adoro,
que soy un hombre enamorado.
Y si prometes no dejar de amarme,
te juro por mi vida, amor mío,
que moriré pronunciando tu nombre.

40. ¿QUÉ QUIÉN SOY?

¿Qué quién soy?
Tal vez un deseo,
una ilusión, un recuerdo
o, simplemente, un sueño.

Si fuera un deseo,
sería pasión y fuego.

Si fuera una ilusión,
me aferraría a ella
como clavo ardiendo.

Si fuera un recuerdo,
morirías por un solo beso
que no llegó a tiempo.

Pero si fuera un sueño,
si solo fuera un sueño,
amor, por favor,
¡sigue durmiendo!

41. RECUERDOS

Con el tiempo
no hay remedio,
nos salen canas
e, irreversiblemente,
¡vamos envejeciendo!

¡No, no hay remedio!
Igual que nuestro amor,
que, a pesar del tiempo,
seguirá existiendo.

¡Ay, cariño!,
quién nos hubiera dicho,
por aquel entonces,
cuando nos dimos
aquel primer beso,
que todavía hoy
te escribiría poemas
de amor eterno.

Ya ves, mi vida,
al final pocas cosas
nos ha robado el tiempo.
Ni siquiera ha conseguido
hacernos olvidar
nuestros recuerdos.

¡No, no tenemos remedio,
porque todavía los dos
nos seguimos queriendo,
a pesar del tiempo!

42. PESCADOR DE AMOR

Tal vez sí que fui ladrón de besos furtivos
y reconozco que con verbo fácil
no fue nunca difícil robar
algún que otro corazón enamorado;
al igual que reconozco que más de una vez
volví con el mío quebrado.

Y ahora que hago balance,
no me salen las cuentas.
Y pienso que fue mucha energía perdida
para tantas noches frías.

Muchos abrazos dados
para tanta soledad en mi alma helada.
Muchos caminos anduve
para pasar tanto invierno desnudo de cariño.

Alguna de ellas pasó
por mis abrazos como torbellino;
otras fueron brisa de verano,
veneno de araña o fuego de infierno.

Fui pescador furtivo,
hasta aquel bendito día
en que apareció ella en mi vida.
Llevó la luz, la alegría,
liberó mis ojos de tinieblas.

Encendió el fuego de la chimenea,
puso el pan sobre la mesa,
y en la cama, sábanas blancas.

¡A partir de aquel día
sus ojos fueron mi faro;
su cintura, mi barca,
y sus pechos, mi lecho!

43. NO SERÁ FÁCIL SER ABUELO

¡Ay, madre mía de mi alma!,
que sin darme cuenta
se ha ido volando mi tiempo.
Ayer fui padre
y hoy me he vuelto abuelo,
y tengo que comenzar de cero.
Ayer era padre
y hoy me toca ser abuelo.

Tendré que volver
a empezar de nuevo;
tenerlo en mis brazos,
acariciarle con cariño
y con miedo de no
romperle el sueño.
Volver a sentir latir
su diminuto corazón
y a cogerle el dedo
mientras está durmiendo.

Volveré a sentirme niño
para compartir sus juegos.
Tumbarme y hablar
en idioma secreto
e ir con mucho tacto
para que no rompa en llanto.

¡Ay, madre!, qué miedo
que él vaya creciendo
y yo vuelva a sentirme pequeño,
revolcándome por el suelo
en peleas sin descanso.

Tendré que detener mi reloj
para contarle cuentos
y dormirme antes de tiempo,
mientras él continúa despierto.

Retrocederé al pasado
y miraré dibujos animados,
y, sin remedio, visitaré el zoo
para volver a ver leones y camellos.

¡Ay, madre mía de mi alma!
Y es que yo no sé
si sabré ser abuelo
y ver crecer a mi nieto.
Mirar cómo cambia
el color de sus ojos
o el del pelo,
y oírle balbucear «abuelo».

¡Ay, madre mía!
Todavía hoy no sé
si eduqué bien a mis hijos,
¿cómo voy a educar
ahora a mi nieto?

La «a» con la «b»,
con la «u» y la «e»
más la «l» y la «o»
suena: «abuelo».

44. Un mundo de chuches

¡Ay, cómo te quiero,
princesita mía!

Llegaste a mi mundo
egoísta y materialista
desde el país de la fantasía,
con tu corona de chocolate
y tu cetro de caramelo.

Desde el primer día
me convertí en el fiel bufón
de tu corte de papel y cartón.

Deja, princesita,
que duerma en tu castillo
de nata y fresa,
que durante el día
contemos conguitos y galletitas,
y por la noche, nubes de azúcar.

Déjame, princesita mía,
que siga siendo tu bufón
y vivamos juntos eternamente
en tu mundo de fantasía.

45. VUELVO A TU CAMA

Me dijiste: «Vuelvo a tu cama».
Tu voz me sonó emocionada.
Mi corazón se desbordó.
No hubiera nada en el mundo
que más deseara:
ni oro, ni joya, ni tesoro
podría hacerme tan dichoso.

¡Mi amiga, mi ama, mi amada,
mi dueña volvía a mi cama!
Sentí detenerse mi pulso,
crujir mi cabeza
y perder el mundo de vista.

Contesté: «Ven, mi niña»,
con un escueto hilo de voz,
«que no hay luna dorada,
ni sol naciente,
ni estrella radiante
que supere este instante».

Volaron mis pensamientos,
mi garganta enmudeció,
mi boca se secó,
el reloj se atrasó,
haciendo un suplicio del tiempo.

«¡Ven a mi cama,
que mi corazón se apaga
y el trayecto que hay hasta mi casa
la ansiedad me mata!».

46. GOTA A GOTA

Gota a gota,
golpe a golpe,
la gota golpea la piedra
y va haciendo mella en ella.

Igual que tus ojos
van cegando a los míos
mirada a mirada.

Igual, igual que cuando tus labios
golpean los míos,
mientras me robas el alma.

47. EL SILENCIO DE UN BESO

Y ahora, juntos
tú y yo, amada mía,
juntos en el universo
que nos otorga
el silencio de un beso.

Justo en el breve instante
en que el eclipse
de dos labios sobrepuestos
se convierte en milagro,
la luz del día se transforma
en noche cerrada.

48. MI CORAZÓN ESTÁ DE FIESTA

Hoy será un día especial
porque vendrá mi amada,
y lo primero que presiento
es su olor a rosa escarlata,
y solo con eso ya basta
para que mi corazón
se vuelva loco de contento.

Divinos segundos
son los que tarda mi amor
en penetrar en mi morada.

Orquesta, baile, bullicio,
¡hoy es día grande de alegría!

Suenan a lo lejos
fuegos artificiales,
mientras me derrito
en cada uno de sus besos.

¡Hoy mi corazón está de fiesta!

49. CORAZÓN DE ACERO

Como roca, hierro o acero,
así ha sido mi amor
de fuerte y duradero.

Ya ves, amada mía,
que nada pudo conmigo.
Ni el tiempo me hizo mella,
a pesar de los años pasados
y del descorazonamiento.

¡Cómo olvidarte!,
si tú me enseñaste a amar,
y aunque en otros labios
buscaste consuelo,
siempre supe que tu búsqueda
incesante nunca sería fructífera.

Años de olvido,
tiempo de aventuras
y amores perdidos.
Ni tan siquiera
la indiferencia y el olvido
fueron suficiente
para matar mi amor.

Ya ves, amada mía,
que no te miento
y lo que por ti siento
morirá conmigo.

50. SOLEDAD

Llega el invierno a mi pueblo
y, con él, el frío a mi corazón.
Yo enciendo mi chimenea
para calentar mi soledad y mi pena.

Me siento detrás de mi ventana
viendo la lluvia caer en mi calle,
mientras el mundo pasa
por delante de los cristales,
pero tú ya sé que no volverás.

Un día, volviste a tu tierra prometida.
Allí, lejos de mis tierras y mares,
te alejaste de mis costas abruptas
y de mis cálidas playas.

Te olvidaste de mi pelo,
de mis ojos y hasta de mis besos.
Desde mi ventana,
veo la gente correr
para volver a sus casas,
y tú desde el verano
que ni me llamas.

Ya olvidaste tu amor pasajero,
también te olvidaste de tus promesas
y hasta te olvidaste de mi «cara de ángel».

51. Cómo quiero y cómo quisiera que me quisieras

I

Cómo contarte
que cada instante que pasa
te quiero más.

Si miro la rosa o el mar,
o la luna o una mariposa,
todo lo natural y lo superficial
me recuerda a ti.

Igual que las aves
vuelven a sus nidos
o los marineros
regresan a puerto,
así me siento yo
con el mundo respecto a ti.

II

Si un día cambiara el viento
y la luna saliera por poniente.

Si ese día dejaras de mirarme,
si tus labios no quisieran ya besarme,
si pensaras en dejarme
en cualquier orilla como una colilla
o, simplemente, se te ocurriera
dejar de amarme.

Piensa, amada mía,
que, a partir de este maldito día,
en el mismo instante
yo ya empezaría a olvidarte.

III

Si tal vez un día tu amor
navegara por aguas claras.
Si volara libremente de lado a lado
como pájaro en libertad.

Si bajara como río sereno
hasta besar el mar.
Si cada día encendieras la chimenea
para dar calor al hogar.

Si tus besos se convirtieran en pluma,
si en cada caricia inventaras algo nuevo
y mimases el jardín del amor.

¡Yo te juraría amor eterno!

52. ¿QUIÉN TE GUIO HASTA MI CASA?

¿Quién te enseñó el camino hasta mi casa?
¿Quién paso a paso te llevó hasta mi puerta?

Tal vez el pájaro,
tal vez el humo de mi chimenea,
tal vez la rana de mi charca
o el olor de mi rosal.

Lo cierto es que, a tu llegada,
mi hogar se vistió de gala;
en mi jardín aparecieron
las flores más hermosas,
aves de exóticos plumajes
y a mi cama le devolviste la esperanza.

Mi Dulcinea, aquel día
cambiaste el agua por vino
y comimos con las manos
el fruto del amor prohibido.

Bendigo la flor,
el pájaro, el humo, la charca
y el camino que enderezó tus pasos
hasta mi humilde morada.

53. A FUEGO LENTO

Diría que tu juego favorito
es clavarme alfileres en el corazón.

No te cansas de cambiarme
flores por puñales,
y a mi amor lo conviertes
en moneda de olvido.

Hay dos soles en tu vida, ambos oscuros.
Y dos lunas, ambas perdidas.

Soy tal vez frágil diana para tus devaneos
y al final de cada juego
vuelvo a casa sin saber
cuál es el papel que desempeño.

Los relojes a tu lado se adelantan y se atrasan,
desordenan mi vida organizada y tranquila,
convirtiendo las noches serenas en pesadilla
y un rebaño de búfalos embravecidos
me acompañan en mi sueño hasta el alba.

Y después de tan largo viaje,
sigo sin comprender a qué estamos jugando.

Si yo soy cristal y tú piedra,
si yo soy antídoto y tú veneno,
y sabiéndolo no hago nada
y me quedo aturrullado,
para que al final me des caza
como a un pajarillo
y me diluyo como azucarillo
en tus brazos en cada acercamiento.

Y no comprendo mi obsesión
por tan desesperante amor,
porque en cualquier momento,
cuando vuelvo a tu lado,
irremediablemente muero
y recojo una y otra vez mis excrementos.

¡Escucha, amada, mi súplica!
Te pido desde lo más hondo de mi corazón
que me abandones en la soledad de mi vida,
a ver si algún día logro subsistir
sin tu perversa forma de amar.

54. CONDENA PERPETUA

¡Ay, señor!

¿Cuánta tensión
puede albergar mi corazón,
esperando el bienaventurado día
en que estemos otra vez
juntos los dos?

¿Cuánto deseo contenido
puede anidar mi cuerpo?

¿Cuánta ilusión engendraré
hasta poder mirarte a los ojos?

¿Cuánto tiempo deberá pasar
para volver a sentirte mía
por unos breves instantes?

¿Cuánta locura cautiva
daremos rienda suelta
en cada una de nuestras caricias?

¡¿Cuánto amor prisionero
dejaremos libre ese día,
vida mía?!

55. FORMO PARTE DEL PAISAJE DEL MAR

Amo el mar y lo necesito para existir.
Soy de un lugar donde el mar
está presente en el paisaje y en la vida,
rodea mi tierra y la convierte en isla.

Ola a ola, va besando la arena
en días de calma chicha
y arremete a las rocas con poderío
los días de tormenta.

Susurra el mar al viento
y llegan sus pensamientos hasta mi casa.
Hace que salga al balcón
y me obliga a pasear por la playa,
a caminar sobre las aguas.
En días de furiosa rabia,
me hace cerrar las puertas y ventanas.

Amo el mar porque desde pequeño
me enseñó a jugar con él
y a comprender
sus mil formas de aparecer.

Espejo donde se mira el universo,
espejo de cielos, de soles,
de nubes compañeras de vientos
y, cómo no, espejo de lunas rotas,
de lunas llenas, de lunas románticas,
dueñas de corazones.

El mar forma parte de mi pequeño universo
y soy parte diminuta de su majestuosidad,
y no concibo ambos mundos paralelos,
porque yo formo parte ineludible del mar.

56. MAL DE AMORES

Llora mi corazón,
desconsolado sobre la almohada,
llora de mal de amores.

No duermo
y no dejo de soñar despierto
que fuimos dos locos enamorados,
descubriendo nuestros cuerpos
con eróticos juegos
en los largos días de verano.
Y por las noches sudábamos
hasta los primeros rayos de luz.

¡Nostalgia de mal de amores!,
de dos cuerpos desnudos
que se levantaban por la noche
a contemplar la luna entrar
en nuestra habitación,
a besar las sábanas.

Llora mi corazón en cada pesadilla,
y me pregunto qué haré
sin tus ojos hundidos en los míos,
sin tus uñas arañando mi pecho
y qué haré con mis labios huérfanos.

57. Alimento de enamorados

Vivo sin vivir en mí,
porque busco en ti amor
y solo encuentro distancia
en cada acercamiento,
y en cada uno de ellos
salgo malherido.

¡Y es todo tan sencillo!
Solo busco en cada beso
un pacto de amor tierno,
sellado en secreto
en cada uno de ellos.

Así de simple yo lo veo,
que el amor entre por la boca
y nos envenene todo el cuerpo,
desde la cabeza hasta los dedos.

También confieso, amada mía,
que si fuera así también
seguiría sin vivir en mí,
porque hace tiempo
que me rendí ante tus encantos
y te entregué mis armas,
mi cuerpo y me mente.

Y ahora que estoy en tus manos,
me he vuelto como un niño
y el tiempo se me hace eterno
entre beso y beso.

Y cuando estoy solo me alimento
de recuerdos de aquellos momentos
en que estuvimos juntos
y me lamo las heridas
como gato panza arriba.

58. PERMÍTEME QUE TE CUENTE CÓMO ES ELLA

Si tuviera que hablarte de ella,
tal vez me excediera,
y en el intento pecaría
de falsa modestia.

Si te dijera que ella
es la luz de mi camino
y que sus ojos guían mi destino.

Que son ojos oscuros en noche ciega
y en el fondo de cada uno, una perla.

Pensarías, estimado lector,
que estoy desvariando,
pero sin alteración
seguiré explicándote cómo es ella.

Es fina como hilo de seda,
sus dedos hablan al moverse
y sus pies caminan descalzos
sobre pétalos de clavel.

Labios de flor en jardín prohibido
me tientan como el polen a la abeja.

Tal vez, amigo,
pienses que mi pluma
me delata y sin remedio
dejo que escriba sola,
desde lo más hondo de mi corazón,
donde el primer día que la vi ella anida.

Cintura de aguja, donde mis manos
se dejan llevar como trucha río arriba.

Pechos de luna llena, de pan de oro,
piel dulce de color de miel,
olor fresco de azucena.
Su pelo negro ondulado
juega con cada soplo de viento.

Sueño eterno de un pobre poeta.
Musa y delirio de mi tintero,
desde donde sale el retrato
de mi amada en blanco y negro.

Perdona, amigo,
si crees que en mi relato
he sido exagerado,
pero así es como la veo a ella.

59. PERDONA, ROSA HERMOSA

¡Ay, amor!
Hoy mi confusión no tiene perdón,
porque hoy he caído en el error
de compararte con un rosa
y no puedo por más tiempo
que rectificar, no sea que la rosa
se creyera por un solo instante
más hermosa y no soportase la presión
al tenerte como contrincante.

Y le explico a la rosa:

—Tú, rosa, eres pequeña y hermosa.
Eres roja, eres inmaculada.
Eres fruto de la tierra, el sol y el agua.
Eres compañera de enamorados
y de difuntos enterrados.

—Pero ella —a ti te digo, rosa—,
ella también, como tú, es hermosa,
sus ojos perlas,
sus labios de fresa,
sus pechos con sabor a cereza.

—Ella, rosa, ¿cómo te lo diría?
Es un bebé en mis brazos
y el ángel de mi guarda.
¡Perdona, rosa hermosa!

60. FLOR DE PLOMO

Como un niño engullido
en un bosque encantado,
corté de una rama
una flor de plomo.

Desde lo alto del árbol,
una hoja nerviosa y parlanchina
se quejaba del dolor
que le producía tal delito.

Un gusano asqueroso
en fruto extraño
maldecía y escupía
maloliente esgargajo.

Una raíz de espinas
me agarraba hasta la cintura
de forma rabiosa.

La flor de plomo
lloraba entre mis manos
suplicando en pleno llanto
la sinrazón de mi acto.

Mientras tanto, un pájaro
de plumas de cartón
picoteaba de forma sinfónica
mi cabeza.

Y yo, sin dar una a derechas,
con un dolor endemoniado
subiéndome por las ramas

en los más alto del árbol
hasta ver el sol,
volví a dejar la flor en su rama.

Hoja, gusano, raíz
y pájaro desaparecieron,
mientras la flor
cogía un nuevo color.

Desperté sudado,
con voz entrecortada,
llamé a mi amada
acostada a mi lado.
Le conté mi sueño
y le prometí
que jamás nadie en la vida
arrancaría de mi corazón
tan bella flor.

61. HOY HE QUERIDO ESCRIBIR UN POEMA TRISTE

Brindo con mi copa de vino
delante del espejo
en el que mi amada peinaba su pelo,

Miro al reverso por si intuyo su cara.
Me cuesta inventar las mañanas
y por la tarde el sol ya no llega.

Las noches son oscuras y negras,
oscuras y negras como mi alma.
Con mis dedos recorro
los pliegues de las sábanas
y en cada uno ¡muero!

En cada rincón de mi habitación
busco su ausencia
y llora mi corazón por no encontrar razón.
Y me pierdo entre recuerdos.

Se rompe la botella en mil pedazos
y embriagado rompo el espejo
en el que mi amada peinaba su pelo.

62. HABLANDO DE VOLVER AL PASADO

¡Ay, qué sabio es el tiempo!
Si fuera hoy
que estuviera a tu lado,
aquel día no me hubiera enfadado
y te hubiera comprado
aquellos pendientes tan caros.

Te hubiera llevado más veces al cine
a ver películas de indios y americanos.

Nos hubiéramos comido aquellos pasteles
que tú decías que engordaban tanto.

¡Ay!, si fuera hoy,
pasaría más tiempo en la cama.
¡Qué digo!,
pasaría todo el día en la cama
jugando contigo.

Te mandaría ramos de rosas rojas,
comeríamos con las manos,
iríamos descalzos
y escucharíamos música jazz
y canciones blues.

Nos perderíamos en un bosque encantado,
nos bañaríamos en cascadas de aguas heladas
y viajaríamos alrededor del mundo.

Si volviésemos al pasado,
no tendría tanta prisa
y me pararía a tomar un helado
de tutifruti, o dos…

Caminaría sin prisa,
esperando en tus labios
el amanecer de una sonrisa,

Te haría poesías e inventaría
para ti un mundo nuevo y trepidante.

Nacería en ti la misma noche,
nacería en ti el mismísimo día.

Nacería de tu vientre la vida.

63. CANDILES

Maldito reloj,
maldito calendario, maldito tiempo
que existe entre los dos.

Espacio, lugar, esfera, dimensión,
¡maldita distancia
la que nos separa!

Tú eres sol, yo soy luna.
Tú eres música, yo silencio.
Tú eres verbena, yo invierno.

Y a pesar de no poder amarte, yo te amé;
a pesar de los pesares, de ti me enamoré.

Entre luces de candiles
de su juventud yo bebí,
donde el tiempo de amar no tiene edad.
Y entre pétalos de rosas
nos enseñamos a amar.

Tiempo pasado, tiempo, futuro,
tiempo, tiempo,
tiempo, tiempo.

¡Sólo nos faltó tiempo!

Y sigo recordando
cuando nos dormíamos
con los labios pegados
y creímos ser iguales.

64. Abrazo de amigo

Gracias por ser amigo,
y ahora te explico
por qué uno de tus abrazos
en momentos señalados
es como un bálsamo.

Con el abrazo compartes
los días felices
y aquellos que no lo son tanto.

Son los que regalas a los que quieres
y que no tienen precio
para los que no los quieren.

Amigo, hoy te digo
que mis abrazos cada día
tienen menos destinos.

A unos, porque nos han dejado,
a otros, porque nos han olvidado,
y la mayoría, porque son esquivos.

Ellos sobran, porque se pierden
el mejor de los mensajes,
con el cual no necesitas palabras
y ofreces un regalo en cada abrazo.
Gracias, amigo, por compartir abrazos.

65. YO CONFIESO

Quiero desde lo más hondo
de mi corazón
explicarte mis sentimientos
y la razón de mi gran amor.

Y es que llevo en mi pecho
un gran peso
y yo solo con tanto dolor
ya no puedo.

Quisiera contigo compartirlo
y hacerte cómplice
de mis pensamientos.

Compartir contigo
el dolor y el amor
que me está matando,
y la alegría de ser amado.

¡Amor, es complicado
explicarte en cuatro letras
todo lo que llevo años pensado!

66. DEJAD EN PAZ MI PLUMA

Dejad que invente mi propio mundo
sin ataduras de manos ni pensamientos,
y dejadme viajar por parajes
de los que nunca más sabré volver.

Dejad que la tempestad golpee mi rostro,
que la lluvia moje mi cuerpo, que el sol seque mi ropa
y que mis pasos se adentren bosque adentro.

Dejad mi corazón en libertad como paloma,
en busca de nuevas almas
para luego quemarlas entre cenizas y fuego.

Dejad que mi pluma llore, cante, baile, se embriague.
Dejad que sueñe, que sufra y se enamore.

Dejad que mi pluma corra por los cielos
y que me acerque a lo imposible
y a lo invisible.

Dejad que me acompañe hasta el último viaje,
desde donde os mandaré mis mensajes
de ultratumba.

Colección
COSTURERO

Eres a la luz de mi luna, como llama de candil desnuda. Desnuda, eres la ola que besa mi playa mediterránea.

Desnuda eres, como barca que amarra en mi pueblo de casas blancas. Desnuda eres, camino entre montes de pinos de mi isla en calma.

Índice

1. 10 agujas de tricotar 205
2. 10 dedales 209
3. 10 agujas de coser.. 212
4. 10 Alfileres 217
5. 10 imperdibles... 221

Alguien se preguntará a qué viene este título para una colección de poemas de corte romántico, pero como todo en esta vida tiene o debería tener una explicación lógica, intentaré dar las razones pertinentes para que mis queridos lectores comprendan el motivo que me decantó a bautizar la colección con el nombre de *Costurero*.

Conservo un bonito recuerdo de esta original y útil caja de guardar enseres de coser y que durante mi niñez se convirtió en todo un misterio. Recuerdo que se guardaba celosamente en algún rincón de la casa, decorada con telas de flores, puntillas blancas y algún que otro botón cosido sin ningún orden aparente.

En mi casa, la susodicha cajita estaba siempre localizable sobre la mesa que estaba al lado de la silla donde mi madre solía sentarse a descansar. Me acuerdo de algunas de las canciones que entonaba antes de tomar asiento y que daban previó paso a enhebrar la aguja para empezar a coser los botones de las camisas de mi padre, a zurcir los pantalones rotos u otras prendas familiares. Pero lo que recuerdo especialmente es la cara de bobo que se me quedaba cada vez que mi madre introducía un huevo duro dentro del calcetín para remendar los agujeros. Misterios de la naturaleza que en aquellos tiempos todavía no podía descifrar. ¡Y tiempo le sobraba a mi madre para hacer la cena para toda la familia!

Me quedaba absorto durante un tiempo indefinido mirando aquella fantástica caja repleta de utensilios. Todavía hoy me emociona ver las cintas de colores, los ovillos de madera o de cartón de hilos de mil tonalidades, las cintas elásticas, las tijeras, las agujas de coser, los alfileres de modista, los de cabeza de vidrio o negra, y aquel original cojín colorido en el que se clavaban todas ellas. Imperdibles, corchetes, abreojales, dedales, además de la cinta métrica, eran necesarios para que mi madre sacara el máximo rendimiento para remendar aquel montón de ropa usada. En aquellos años, las economías en las casas de mi barrio no estaban para ningún tipo el lujo y, mucho menos, para comprar ropa nueva.

Desde este prólogo quiero hacer un homenaje a mi madre y a todas la madres y abuelas del mundo que pasaron la vida usando el *Costurero*, y a todas aquellas mujeres que todavía hoy se pasan horas de su tiempo libre remendando. Vaya para ellas, y también para vosotros, queridos lectores, por la paciencia que debéis tener a la hora de leer mis neuras y mi nueva colección de poemas.

1. 10 AGUJAS DE TRICOTAR

1ª aguja de tricotar
Para ti me gustaría ser
como la espuma del mar
para alegrar tu mirada.

O luz de luna
para iluminar tus sueños.
O brisa fresca
para acariciar tu cuerpo.
O ángel de la guarda
para susurrarte al oído «te quiero».

2ª aguja de tricotar
Quisiera ser mar, mar, para abrazarte.
Quisiera ser sol, sol, para quemarte.
Quisiera ser brisa, brisa, para envolverte.
Quisiera ser noche, noche, para amarte hasta el alba.

3ª aguja de tricotar
Deja, amor,
que mis brazos te envuelvan,
que mis dedos te den forma.
Deja que haga
con mis manos una estatua
de mármol o de piedra.

Deja que esculpa este instante,
en que los dos desnudos
paseamos sobre la orilla,
justo cuando el mar tus pies besa.
A la hora que la rosa

se vuelve envidiosa y se alargan
sobre la arena las sombras.

4ª aguja de tricotar

No es ninguna tontería
tenerte presente todo el día.
A veces pienso que me agobio
con tanto sentimiento
y quiero dejarte de lado,
aunque sea por un rato.

Y en este mismo instante,
siento que me pierdo
y vuelvo en busca de tus recuerdos.
¡Y es que lo nuestro no tiene remedio!

5ª aguja de tricotar

Mi madre dice…
que no tengo edad para quererte,
que al final va a dolerme.
Y yo me muero por tenerte.

Mi madre dice…
que tú no me quieres.
Y yo no duermo por verte.

Mi madre dice…
que no tenemos edad para querernos.
Y yo, ¡erre que erre!

6ª aguja de tricotar

Mi niña, me he despertado
de un sobresalto, porque soñaba
que estabas llorando, porque pensabas
que yo ya no te quería.

Y ahora que te veo a mi vera dormidita,
voy a pasar en vela toda la noche
mirando tu carita bonita,
porque me da pena verte llorar
en sueños por tonterías.

Duerme, mi niña, tranquila,
que te amo veinticuatro horas cada día.

7ª aguja de tricotar

Han anunciado,
preocupados en el telediario,
que en el cielo dos estrellas han robado
y la Policía las anda buscando.
Y yo me callo, porque sé dónde están,
y aunque me encierren,
nunca les diré que tú
las guardas en tu corazón.

8ª aguja de tricotar

¡Ay, mi vida!
Me pides con carita de niña
que te diga cositas bonitas,
y si por mí fuera,
las noches a tu lado no tendrían fin.
Luna menguante, luna creciente, luna llena…
Mi vida, yo te amaré,
aunque no vuelva a ver más luz
que el brillo de tus ojos.

9ª aguja de tricotar

¡Hola, mi niña! ¡Hola, mi amor!
No llores porque se hace de noche.
No me digas que no te gusta la oscuridad.

Recuerda que los besos más dulces
nos los dimos en los callejones
como dos ladrones, con la luna de cómplice.

¡No me llores, mi niña!
¡No me llores, mi amor!
Porque yo ni de día, ni de noche
te voy a dejar de amar.

10ª aguja de tricotar
¡Cómo no amarte si es tan fácil!
Amarte es tan fácil, como mirar el mar
o sentarse en un banco a esperar el alba.

¡Es tan fácil!
Me gusta todo de ti: tu voz lánguida,
tu sonrisa contagiosa o tu pelo ondulado.
Es tan fácil
que bebería de tu manantial inagotable
y te mimaría hasta que el mundo se apagase.

Tan y tan fácil es amarte,
que nadie sabrá jamás
que por estar a tu lado un instante
moriría mil veces u otras mil veces más.

2. 10 DEDALES

1º dedal
Luce el lucero, luce la luna,
lucen tus ojitos
cuando tus labios
se acercan en la oscuridad
para robarme un beso.

2º dedal
No llores, mi vida, por no saber
dónde van a parar tus lágrimas.
No van a parar ni al río ni al mar.

No llores, mi vida, porque son compañeras
de viaje de los besos que no se dan.

Tampoco al monte ni a mis manos van a parar.
No llores, mi vida y guárdate las lágrimas
para cuando nos volvamos a besar.

3º dedal
Ayer soñé que soñaba, que contigo estaba.
Ayer soñé que soñaba, que de mi piel
el fuego salía y que nos quemaba.

Ayer soñé que soñaba, que tú lo apagabas.
Ayer soñé que soñaba, que tu corazón
con el mío se abrazaba.
Ayer soñé que soñaba.

4º dedal

Ayer no pude dormir intentando recordarte.
Intenté escribirte una poesía y, pensando en tus ojos,
se me hizo de día y no pude escribir
ni una maldita línea.

5º dedal

Quisiera ser la almohada que viaja con tus sueños,
la sábana que acaricia tu cara.

Quisiera ser el viento que entra por tu ventana
en los días de verano.

Quisiera ser ladrón y esta noche de tus labios
robarte un millón de besos.

6º dedal

Sabes, vida mía, que si pudiera elegir,
en mariposa me convertiría y, volando,
hasta tus labios viajaría.
Y en tus oídos,
bellas palabras de amor susurraría.

7º dedal

¿Y no es cierto, mi amor,
que yo te quiero igual a la luz de la luna
que a la luz del día?

¿Y no es menos cierto
que en verano me hielo cuando me miras
y en invierno me abraso cuando me besas?

8º dedal

Pregunto cada día a Cupido
si tú, mi niña bonita, eres de verdad
o fruto de mi fantasía.

Si eres lucero o estrella,
si eres zafiro o diamante,
si eres tan solo mujer o mi dulce ángel.

9º dedal

La luz de la luna se coló en mi habitación
y en el techo apareció el dibujo de tu silueta.
Tu cabello, tus pechos,
¡qué locura!

Bajaste hasta mi cama para besarme,
me acariciaste y volviste a escurrirte
entre las rendijas de mi ventana,
al llegar el primer rayo del alba.

10º dedal

Rompe la ola contra las rocas,
gime el viento en la noche oscura.

Moja la tormenta mi calle solitaria,
mientras lloro desconsolado
la pérdida de mi amada.

Ahora gruñe el viento enfadado.
Mientras la lluvia golpea mi tejado,
yo sigo buscando en mi cama
el cuerpo de mi amada.

3. 10 AGUJAS DE COSER

1ª aguja de coser
Mi niña, tú eres mi vida;
tú, mi piel; tú, mis ojos; tú, mis abrazos.

Tú, mi niña, eres mía
cuando duermes, cuando caminas,
cuando sueñas, cuando me miras.
Mi niña, tú eres mi amor,
eres manantial, montaña, río, valle.

Tú, mi niña,
siempre serás piel de mi piel,
uña de mis uñas, aliento de mi ser,
vida de mi vida.

2ª aguja de coser
Soy yo el que cada día te escribe.
Soy yo el que golpea tu almohada,
el que aparece cual fantasma;
soy yo el que te llama.
Necesito amarte,
porque aprendo amándote.

Aprendo a sentir cómo llora la ola,
cómo llora el viento,
cómo amar tus lágrimas.

Aprendo a vivir
al ritmo de mis latidos,
al paso de mis emociones.

Necesito amarte para descubrir

en cada frase quién soy.

3ª aguja de coser

Vuela, mi amor, a través del tiempo.
Corre, mi amor,
por tierra y mar adentro.

¡Siente, mi amor,
cómo muero en tus pechos!

Escóndeme, mi amor, entre abrazos,
mientras la tormenta amenaza mi viaje de vuelta.

Escucha cómo el viento golpea tu puerta,
buscando su presa.

Cobíjame bajo tu manto,
acurrúcame en tu cama, a la sombra de tus ojos cálidos.

Deja, amada,
que duerma hasta que pase la tormenta
y que mi amor por ti
vuelva libre como paloma, portadora de poemas.

4ª aguja de coser

Conmigo no te enfades
y si quieres pedirme cuentas,
el porqué mis brazos a los tuyos tienen presos
y el porqué mis ojos con los tuyos están en guerra.

Pues te advierto que esto no ha sido nada,
porque ahora pienso cargar mis besos con fuego.

5ª aguja de coser

Amo cada poro,
cada trozo de tu cuerpo, cada suspiro;
así, de esta manera,

anhelo cada uno de tus besos.

Tus grandes ojos iluminan el camino
y el corazón me palpita en cada sonrisa.

De tanto amarte, pierdo las fuerzas
y desfallezco en tus brazos;
así vivo loco por tu forma de besar,
apasionada y estratosférica.

6ª aguja de coser
Mi dulce amor, mi Dulcinea.
Dulce mía.
¡Amor de mi vida!

Te hallé ausente de amor,
huérfana de labios y piel de satén.

Yo te encontré tumbada en la arena,
después de la tormenta.

Mi Dulcinea, gran amor de mi vida,
deja que tu corazón viaje ligero
con las yemas encendidas de locura.
Mírame, mi dulce y bella, que hoy el sol es radiante.
Mírame, amor de mi vida,
porque en mi corazón anidan tus caricias.

7ª aguja de coser
¿Cuánto tiempo se tarda hasta llegar a tus labios?
Recorrí caminos, senderos, bosques.

Viajé en trenes y aviones para estar juntos,
juntos como flor y mariposa,
como ola y arena,
juntos como agua dulce y río.

Tú y yo solos,
volando a través de los sueños,
entremezclados en un grandioso beso.
¡Juntos!

8ª aguja de coser

Amor mío, no llores por la distancia,
que las aves están más lejos
y cada año vuelven.

Yo sigo guardando en mi habitación
un ramo de jazmín,
unos ojos locos de deseo
y unos labios repletos de besos.

Sonríe, mi niña,
que cuando vuelvas te volveré a contar
cuentos de amor.

9ª aguja de coser

Luna llena.
Las velas encendidas, las copas de cristal,
la música de fondo, una botella de cava,
un ramo de rosas rojas preside la mesa.

Aunque estés lejos,
yo sueño cada noche que volverás,
por eso cada día
preparo la mesa para decirte
lo mucho que te quiero.

10ª aguja de coser

Érase una vez
en un lugar imaginario, cerca de Lovelandia,
una joven princesa muy bella,
que vivía en un castillo de chocolate, nata y fresas.

Ella siempre estaba triste,
porque su corazón
no conocía el amor.

Un día, a lo lejos,
vio un joven pastor,
de ojos azules,
cantando bellas canciones de amor.

«¿Qué canciones son estas?»,
preguntó la princesa.

«Princesita,
bellas historias de amor,
de las que vos
sois mi inspiración».

Una mano en la cintura,
y con la otra la acercó,
la acercó a sus labios,
sellando su amor.

4. 10 Alfileres

1º alfiler
Allá, a lo lejos, donde la memoria y el silencio
se hacen los dueños, donde el recuerdo
coge forma de fuego, se unen nuestros labios.

Justo en el mismo instante
en el que, con lágrimas, me despierto.

2º alfiler
¡Ay, amor! ¡Cuántas historias,
cuántos caminos abiertos,
cuántas páginas en blanco!
¡Ay, amor! ¡Cuánto tiempo nos queda
para escribir nuevos e ilusionantes cuentos!
¡Ay, amor!

3º alfiler
Al viento le conté que te quiero,
que por ti me muero
y que sufro en silencio.

Se lo conté en secreto
y él sale volando
a contártelo como un poseso.

4º alfiler
Me pidió una flor… y le di un jardín.
Me pidió una gota… y le di un océano.
Me pidió una estrella… y le di el cielo.
Me pidió el sol y la luna… y le di el universo.
Me pidió matrimonio… ¡y salí corriendo!

5º alfiler

Ante un papel en blanco
me abalanzo e irrumpo al instante
ante cualquier cuento
con arrogancia y valentía.

Soy audaz, ocurrente, divertido
y diría que hasta valiente.

Y a tu lado me vuelvo frágil y distante.
¡Y es que tu belleza
es más fuerte que mi pluma!

6º alfiler

Gracias, amor, por existir,
por no ser de cartón
ni escultura de piedra.

Gracias, amor, por existir,
por no ser humo de chimenea
ni una minúscula idea,
por no ser protagonista
de cuentos ni viñetas.

Gracias, amor, por existir,
por no ser luz de vela,
ni remordimiento,
ni un sueño.

Gracias, amor, por existir,
y ser solo de carne y hueso.

7º alfiler

Por las mañanas tenéis que salir
cinco minutos antes de que salga sol,
porque sois las dos cosas más bonitas
que salen a la calle cada día.

8º alfiler

Redondas como perlas salen de tus ojos
lágrimas de pena.

¡No llores, muñeca, que me ahogo
en cada una de ellas!

9º alfiler

¡Amo la vida!
Amo las cosas bellas,
las pequeñas, las diminutas, las sencillas.

Amo el arcoíris, la brisa,
el color de los ojos,
la alegría de una sonrisa.

¡Amo, por amar!
Y por amarte,
me pierdo en tu piel, entre tus dedos,
en las dunas de tus pechos
y en las curvas de tu cintura.

¡Amo la vida!

10º alfiler

Tal vez será que sí,
que seré yo y también tú.

Será como volver al mismo lugar,
será como la primera vez.
Será un sueño,
una noche de fantasía
o como mirar la luna.

Será un deseo, una promesa
o solo será una ilusión.

Tal vez seré yo,
y tal vez tú también.
¡Pero seguro que será
un lugar para soñar!

5. 10 IMPERDIBLES

1º imperdible
Eres a la luz de mi luna,
como llama de candil desnuda.
Desnuda eres la ola que besa
mi playa mediterránea.

Desnuda eres como barca que amarra
en mi pueblo de casas blancas.
Desnuda eres camino entre montes
de pinos de mi isla en calma.

2º imperdible
Que siga soñando que sigo a tu lado,
que en mis brazos de felicidad estás llorando.
Deja que te siga besando como antaño.
Deja, amor, que siga soñando
que nuestros cuerpos siguen volando.

3º imperdible
¿Qué sería del mar sin la arena?
¿Y del sol sin la luna?
¿Qué sería del barco sin marinero
y del pastor sin rebaño?

¿Qué sería del pájaro sin nido
y de la miel sin abeja?
¿Qué sería de mis labios sin tus besos
y qué sería de mi piel sin tus caricias?
¿Qué sería de mi vida sin ti?

4º imperdible

Quise hacerte una poesía,
pero tenía un mal día y nada se me ocurría.
Quise mandarte flores, pero se me iban los ahorros.
Quise comprarte una joya, pero pagaba con mi vida.

¿Por qué poesías, flores o joyas,
si tú eres, mi vida, la cosa más bonita?

5º imperdible

Acógeme en tus brazos
y pégame a tus pechos como un niño hambriento,
mientras el viento golpea la puerta
y, en el horizonte, el mar se vuelve negro.

Deja que me duerma en tu cama
y que sueñe que mañana veré
un nuevo amanecer en tus ojos.
Deja, amor, dormirme escuchando
los latidos de tu corazón.

6º imperdible

Dentro de un siglo o más,
el sol seguirá brillando en cada rincón
y la luna alumbrará las penumbras.
El mar seguirá muriendo en las orillas,
al igual que los jilgueros seguirán revoloteando.

Igual, igual cien años después o más,
cuando en nuestras cartas
alguien lea letras de amor,
sabrá que lo nuestro jamás morirá.

7º imperdible

Abro un cajón con fotos del año de copón.
Hoy me hace ilusión
verte en blanco y negro y en color.

Y para felicitarte, nada mejor
que un pastel con un montón
de velas en tecnicolor.

8º imperdible

Rompe el trueno un cielo ciego.
Rugen las entrañas de la tierra
en llanto de polvo de volcanes.

Mares revueltos golpean con sonidos
de tambores de guerra.
¡Ahora una flor
llama mi atención!

9º imperdible

De mi sombrero saco un conejo
en forma de recuerdo.
Un lugar, un momento y un sujeto.
Truco, deseo o beso.

¿Magia o sueño?
Ahora tú decides.
Yo a ti te quiero.

10º imperdible

Llora la rosa,
aunque se sabe hermosa.

¡Cómo no va a estar triste
mi dulce enamorada
cuando se siente sola!

No quiero verte llorar,
porque tus ojos se ahogan
con las lágrimas.